“Çocuğa ayrılan zamanın çokluğu değil, verimi önemlidir.”

öğüdünü uygulayamadığı için strese giren annelere …

Saadet

Prof. Dr. Sabiha PAKTUNA KESKİN

ISBN 978-975-23-0412-3

Genel Yönetmen
Bülent Özükan

Genel Müdür
Nilgün Özükan

Genel Sanat Yönetmeni
Murat Öneş

Grafik Tasarım
Ümit Vurgun

Yayınlayan

BOYUT

© 2007 BOYUT YAYINCILIK ve TİCARET A.Ş.
Koza Plaza A-Blok Kat:26 Tekstilkent
34235 Esenler / İstanbul
Tel: (212) 413 33 33 pbx
Fax: (212) 413 33 34

www.boyutstore.com
e-mail: info@boyut.com.tr

Baskı
Boyut Matbaacılık A.Ş.
Yüzyıl Mah. Matbaacılar Sit. 1. Cad. No:115
34204 Bağcılar / İstanbul
Tel: (212) 413 33 33 pbx
Fax: (212) 413 33 34

1. Baskı: 2007
2. Baskı: 2009
3. Baskı: 2010
4. Baskı: 2010
5. Baskı: 2010

Çalışan Anne ve Çocuğu

"Anne İş'te"

Prof. Dr. Sabiha Paktuna Keskin

Çocuk Sağlığı ve Hastalıkları
ve
Çocuk Nörolojisi Uzmanı

İÇİNDEKİLER

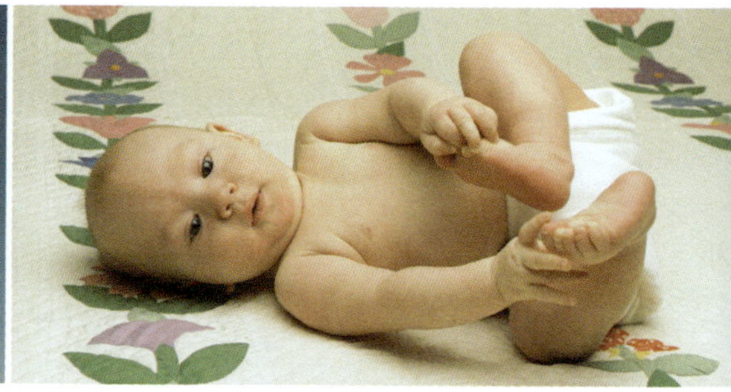

ÖNSÖZ

GİRİŞ

BÖLÜM I:

İLETİŞİM

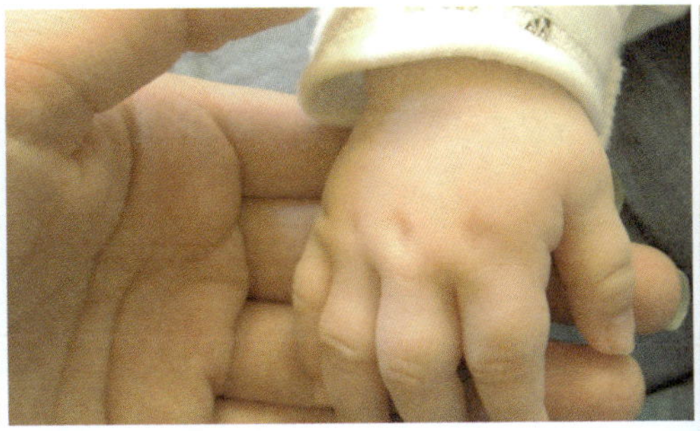

BÖLÜM II:

ÇOCUK DAVRANIŞLARININ ANLAMI

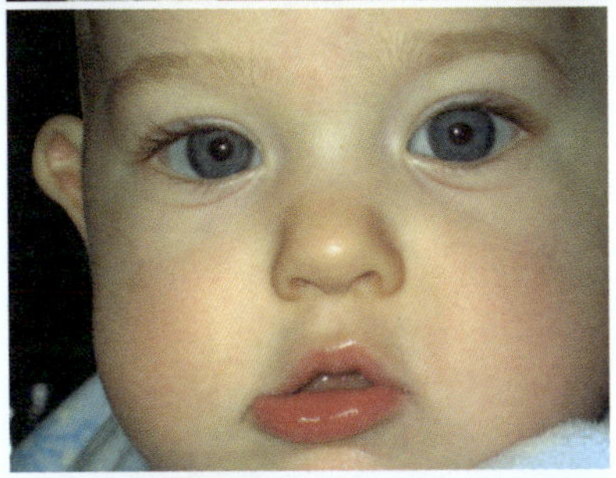

BÖLÜM III:

ÖZEL DURUMLAR

Kimliğin görünmezlerini görünür kılmak: ***Çöp Çocuk Serisi'nin misyonu***

İki çocuğu ile bir anne ofisime geldi. Çocukların ellerini sıkarak merhaba dedim. Ve hastalıkların, onların yanında konuşulmasına engel olmak amacıyla, bana hatıra kalması için birer resim çizmelerini bahane ederek onları bir diğer odaya gönderdim. Anneye dönüp, 10 yaşındaki büyük olanı işaret ederek, "Sorunlu olan büyük oğlunuz herhalde" dediğimde anne ağlamaya başladı.

Tahminimin aksine muayeneye getirilen, alerjisi olan 7 yaşındaki küçük kardeşmiş. Annenin ağlama sebebi ise, büyük çocuk daha sorunlu olmasına rağmen, eşi dahil aile büyüklerinin bu durumu kabul etmemeleri imiş.

Anne, bir taraftan gözyaşlarını siliyor, diğer taraftan da sadece "merhaba" diyecek kadar kısa süre içinde büyük oğlundaki sorunu nasıl anladığımı soruyordu. "Elleri terli" dedim. "Çok sıkılgan olmalı" diye devam ettim. Tıbbi bilgime dayanarak çocuğun yaşadığı diğer olası bulguları sıraladım. Defterlerini silerken yırtıyor olabileceğini, ödevini tekrar tekrar yapmaktan bir türlü bitiremediğini, okulda başarılı olamamaktan korktuğunu, geceleri çok geç yattığını, hatta odasında ışık istediğini, üstelik sık sık kabız olduğunu söyledim. Hırçın ve inatçı olduğunu da ayrıca ekledim.

Anne bir taraftan hıçkırıklara boğuluyor, diğer taraftan da çocuğunun tüm bu sıkıntılarının farkında olduğunu, fakat eşi ve aile büyüklerini bu konuda bir türlü ikna edemediğini anlatmaya çalışıyordu. Ne zaman konuyu açmak istese; "Yok oğlumuzda bir sorun!" şeklinde tepki aldığını söylüyordu. Üniversite mezunu, yoğun iş temposu olan bir anne idi. Oğlundaki sıkıntıyı fark ediyor ancak bu durumu yine kendisi gibi üniversite mezunu olan eşine anlatamıyordu.

"Anaokuluna başlaması da çok sıkıntılı oldu" dedi. "Günlerce ağladı. Altına kakasını yaptı. Her defasında okuldan geri getirdiler. Okuldaki bir tören sırasında çekilmiş CD'yi izlediğimde, diğer çocukların neşe içinde eğlendikleri sırada onun bir köşede tek başına sıkıntılı halini görünce onu okuldan almıştım. Eşim okulu suçlarken, içimdeki ses sorunun okulda olmayıp, oğlumda olduğunu söylemişti."

Küçük çocuk neşeli bir resim ile odaya girdi. Büyük ise çizmeye başlamış, silmiş, tekrar denemiş, olmamış, tekrar silmişti. Sonunda buruşturulmuş bir kağıt ile odaya geldi. Buruşuk kağıdı çeşit çeşit diller döktükten sonra güç bela elinden alabildim. Çocuklarla sohbet ederken, büyük hep önüne bakıyordu. Her soruya "Hiiii, hiiii..." diye tuhaf ince bir ses çıkararak yanıt veriyordu. Küçük olan komutlarıma neşe içinde uyuyor, büyüğe bir şey yaptırabilmek için küçüğü örnek olarak kullanmak zorunda kalıyordum.

Bir ay sonra, anne alerjisi olan küçük ile birlikte geldi. Büyük için önerilerimin işe yaradığını, çocuğun huzur bulduğunu söyledi. Ancak, bu sefer küçük olan komut almıyor, her soruma tıpkı bir önceki seferde abisinin yaptığı gibi "Hiii, Hiii..." diyerek o tuhaf ince sesle yanıt veriyordu. Laf söz anlamayan bu küçük canavara üstelik bir de iğne yapmam gerekiyordu. "Maalesef şimdi de bu çok yaramaz oldu" dedi anne. "Laf söz dinlemiyor, uyuyamıyor. Çok inatçı oldu. Bizi çimdiriyor, ısırıyor. Bakın saçlarımı nasıl yoluyor. Durdurmaya çalıştığımda başını yere vuruyor."

Olay açıktı. Önerim üzerine anksiyetesi ve takıntılı hastalığı olan büyük olana aile ihtimam gösterirken, küçük çocuk ihmal edilmişti. Şimdi o da "Hiiii, Hiiii..." diyerek abisinin eski halini taklit ediyor ve son bir aydır kendisinden esirgenerek abiye yönelen ihtimamı talep ediyordu. Anneye dönüp, "Hanımefendi, siz neden bu çocuğunuza kötü davranıyorsunuz? Siz ne biçim annesiniz. Bakın çocuk ne kadar zayıf ve güçsüz düşmüş. Şimdi de gelmiş benden büyük oğlunuz için kuvvet iğnesi istiyorsunuz. Bu yaptığınız çok ayıp. Hep 'Büyük oğlum, büyük oğlum' diye tutturmuşsunuz. Lütfen biraz da küçük oğlunuzu düşünün. Bu kuvvet iğnesini ben asla büyüğe yapmam. Küçüğe yapacağım. Siz de bana karışamazsınız." dedim. Çocuğun ısrarla çıkardığı "Hiiii" sesleri kayboldu. Seninki tıpış tıpış uzanıp iğnesini oldu, üstelik ağlamadan.

Çocuğun içsel dinamikleri bilindiğinde, onunla iletişim kolaylaşır. Bunun için süreye değil, doğru yaklaşıma gerek vardır. Kısacası, tüm gün beraber olan değil, onu anlayan etkili olur. Yetişkin mantığı ile çocuklara yaklaşıldığında; ateş, öksürük, kusma, alerji gibi gözle görünür elle tutulur yakınmalar fark edilir ve tedavi çareleri aranır. Öte yandan, nedenleri soyut olan huysuzluk, huzursuzluk, hırçınlık kimliğin bir parçaları gibi algılanır ve sadece tarif edilir. Bu davranışların içsel bazı sıkıntıların belirtileri olabileceği düşünülemez, dolayısı ile çare aranmaz. Ya "çocuktur ne yapsa yeridir" ve "büyüyünce geçer" diye üzerinde durulmaz, ya da bu davranışların sebepleri göz ardı edilerek davranışın kendisi ortadan kaldırılmaya çalışılır. İstenmeyen davranışın kendisi ortadan kaldırılmak için başvurulan çare genellikle ceza olur ve zaten sıkıntıda olan çocuk bir de cezalandırılırsa hırçınlığı katlanarak artar.

Çocuk - aile yapısında çocuğun anlaşılamamasından kaynaklanan bir sorun annenin çalışıyor olması halinde aile huzurunun bozulmasına yol açacak şekilde büyür. Kaldı ki, her iş günü çocuğundan ayrı kalmak zorunda olan anne, sorun olmasa da çocuğu ile kaliteli zaman geçirememekten dolayı sıkıntılıdır. Öte yandan, kaliteli zamanın nasıl geçirileceğini bilemiyor olmak da ayrıca annenin iç dünyasında gereğini yerine getiremiyor olmak kaygısını yaratır.

Yetişkin kimlik, çocukluk döneminde kazanılır. Bu konuda bilinmesi gerekenlerin devasa olduğunu fark etmek bile başlı başına bir olgudur. Çöp Çocuk Serisi bu olgunun paylaşılma arzusundan doğdu. Çöp Çocuk Serisi kitapları çocuğun yaşadıkları ve çizdiklerinden yola çıkarak, onları annelerine anlatmayı amaçladı. Böylece, çocuğun kimlik gelişimini ulaşabileceği en üst seviyeye taşımayı misyon edindi. Bu seriye ait olan kitaplardan biri olan Anne İŞ'te çalışan annelerin çocukları ile kaliteli zaman geçirebilmelerinin püf noktalarını anlatmayı hedefledi. Böylece, annenin çalışıyor olması çocuğun gelişimini örseleyemeyecek, dolayısı ile anne-çocuk ilişkisi rahatlayacaktır.

Prof. Dr. Sabiha Paktuna Keskin

Temmuz, 2007 / Levent, İstanbul

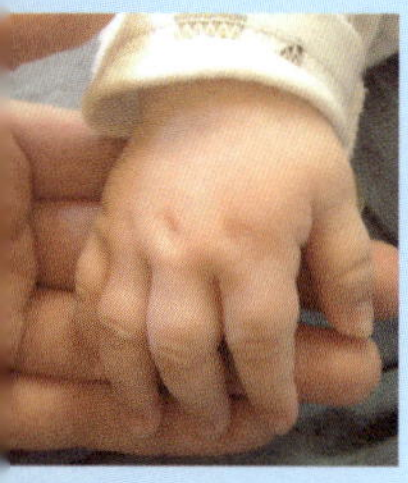

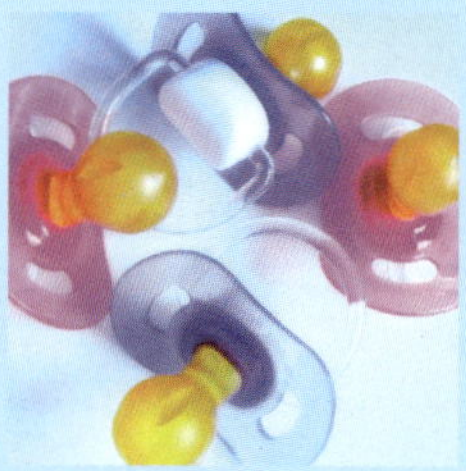

GiRiŞ

Bebek - Anne Bağı

Bebek ile annesi arasında bir bağ vardır. Bu bağ görünmez, hissedilir. Bebek, bir oda dolusu insan içinde annesini fark eder. Ağlarken, annesinin kucağına gelince susar. Annesinin varlığında yaramazdır. O yokken, "kuzu" gibidir. Değil kardeşi, telefondaki ses ile bile annesini paylaşamaz. Daha pek çok durumda, görünmez olan bebek-anne bağı görünür olur.

Çocuk ile annesi arasındaki bu bağın örselenmesi halinde, çocukta ***ayrılma anksiyetesi*** ortaya çıkar. İçine kapanır, zihin ve lisan gelişimi durur, hatta geriler. Uyuyamaz, kabızlık çeker, aşırı terler, hırçındır ve öfke krizleri yaşar. Saçını kestirmez, tırnağını elletmez. Başına su dökmek sanki bir felakettir. İşte böyle durumlarda, görünmez sanılan çocuktan anneye giden bağ, görünür hale gelir.

Çocuk ile anne arasındaki bu bağ elle tutulur, gözle görülür olmadığından; çocukta ortaya çıkan içe kapanma ve gelişme gerilemesinin nedeni ilk bakışta anlaşılamayabilir. Sonuç olarak çocuk; "huysuz, huzursuz, hırçın" olarak nitelenir. Bu davranışların altında yatan sebep araştırılmaz ise; çocuğun sıkıntısı çözülemez, artarak devam eder. Öyle ki, onun davranışlarını yaşam boyu etkiler.

Bu bağın gerçekleşmesinde rol alan beyindeki olağanüstü mekanizmaların keşfedilmesi ile birlikte, çocuk-anne bağının somut varlığı tartışmasız kabul edilir. Bu beyinsel yapıların keşfinden yıllar önce, bebek ile annesi arasında kurulan bu ilişkinin yetişkin davranışlarına olan etkisinden söz eden *Bolwlby* ve *Ainsworth*'ün isimleri, Himalayalar'da iki tepeye verilmiştir. Bu çok özel beyin yapıları yaşamın ilk üç yılında kurgulanır. Etkileri ise, yaşam boyu sürer. Bir başka deyişle, yaşamın ilk üç yılında gerçekleşen anneye bağlanma sürecindeki herhangi bir olumsuzluk, bireyin davranışlarını yaşam boyu olumsuz olarak etkilemeye devam eder.

- Oğlumun doğumu beni tamamen değiştirdi. Yaşamım adeta ona endekslendi. Onu gözümden sakınıyordum. En iyi şekilde büyümesi ve yetişmesini istiyordum. Mükemmel bir anne olmalıydım. O da mükemmel bir çocuk! Çocuğun beslenmesinin çok önemli olduğunu biliyordum. Oğlumu en mükemmel şekilde beslemeliydim. Mikroplara karşı korumalıydım. Çok titiz biriydim ama onun doğumu ile birlikte sanki her taraf mikrop kaynıyordu. Ellerimi yıkıyor, yetinmiyor, bir daha yıkıyordum. İçime sinmesi için sayı kuralını koydum. En az üç defa yıkamalı idim. Sabunlara elim değdiğinde, başkaları da aynı sabuna do-

Anneye bağlanma, olması gereken bir durumdur. Aksi halde çocuğun gelişimi durur, hatta geriler.

kunmuş ve sabun mikrop kapmıştır düşüncesi ile sıvı sabun kullanmaya başladım. Çocuk ağlamaktan çatlasa, biberonu mutlaka 3 defa dezenfekte etmeden ona veremiyordum. Daha önceden dezenfekte etmiş olduğum biberonu dahi, beklerken mikrop kapmış olma ihtimaline karşı, bebeğimi beslemeden önce bir kez daha yıkamak ihtiyacı hissediyordum. Diyebilirim ki, biberon temizleme uğruna bebeğimi ağlatmadan beslemeye başlamak mümkün olamıyordu. Bebeğim huzursuzdu, giderek uykusuzluk çekmeye başladı. Beslenirken de huysuzluk yapıyordu. Üstelik kabız da olmaya başlamıştı. Demek ki, az besleniyor, çıkacak kadar kakası oluşmuyor diye düşünmeye başladım. Televizyona bakarken aldanıp daha iyi yediğini keşfettim. Üstelik televizyona bakarken daha uslu duruyordu. Madem uslu duruyordu, sonunda, bütün gün boyunca onu televizyonun karşısına yerleştirir oldum. Hem artık kolayca besleyebiliyordum. İyi beslenirse kabızlığının çözüleceğini sanmıştım ama öyle olmadı. Oğlumun kabızlığı artarak devam etti.

Bir yaşına doğru, o huysuz çocuk gitti, aşırı sessiz bir çocuk geldi. Televizyonun karşısında saatlerce uslu uslu oturuyordu. Yaşıtları annelerinin eteklerine yapışıp onlara rahat vermezken, oğlum beni rahat bırakıyor, istediğim gibi evden ayrılabiliyordum. Çocuğumu iyi terbiye ettiğimi düşünüyor, hatta arkadaşlarımı çocuklarını terbiye edemedikleri konusunda eleştiriyordum. Kısacası, uslu oğlumla mutlu idim. Çünkü oğlum annesine bağımlı "anneci bir çocuk" değildi. Demek ki başarmıştım. Bağımsız ve uslu idi. Fakat mutluluğum onun giderek daha da sessizleşmesi ile burukluk, merak ve endişeye dönüştü. O kadar sessizleşti ki, ba-ba-ba ma-ma-ma demeleri bile kayboldu. Nedir, ne oluyor demeye kalmadan, günler geçti oğlum iki yaşına geldi, yaşıtları cümle kurarken "anne" bile diyemiyordu.

Yukarıda bahsedilen bu çocukta, annenin takıntılı davranışları nedeni ile anneye bağlanma mekanizmaları örselenmişti. Çocuk içine kapanmış, dolayısı ile zihin ve lisan

Yaşamın ilk üç yılında gerçekleşen anneye bağlanma sürecindeki herhangi bir olumsuzluk, bireyin davranışlarını yaşam boyu olumsuz olarak etkilemeye devam eder.

dahil öğrenmesi duraklamış hatta gerilemişti. Annesi ile sıcak bir birliktelik kurgulandıktan yaklaşık 2-3 ay sonra çocuk konuşmaya başladı ve yaşıtlarını yakaladı. Sözün özü, çocuğun otistik belirtilerinin ortadan kaldırılması için annenin takıntı hastalığının iyileştirilmesi gerekti. Nitekim çocuktan çok, annenin düzen ve temizlik takıntısını ortadan kaldırmak için çaba harcandı.

Benzer öykü ile gelen aynı yaştaki diğer bir çocukta da anneye bağlanmanın sağlanması ile daha olumlu davranışlar ortaya çıktı, ancak çocuk yaşıtlarının gelişme aşamalarını yakalayamadı. Çünkü bu çocuk gerçek bir otistikti.

Bu örneklerde açıkça ortaya çıkan bir gerçek vardır. Hangi yaşta olursa olsun insan davranışları göründükleri gibi değil, taşıdıkları anlamlarına göre yorumlanmaları gerekir. Kaldı ki, çocuğun davranışlarının altında yatan anlamı fark edebilmek daha da zordur. Bir başka deyişle, davranışların kendilerine, yani göründükleri biçime değil, onları ortaya çıkaran bireyin ihtiyaçlarına yönelmek gerekir. Nitekim yukarıdaki anne, anneyi fark edemediği için kendisini rahatsız etmeyen çocuğunun "anneden bağımsız" birey olduğu yorumunu yapmaktadır. Üstelik anneye bağlanma mekanizmaları olağan seyreden diğer çocukları da "anneye bağımlı" olmakla eleştirmektedir. Oysa "anneye bağlanma" (attachment), "anneye bağımlılık" (dependency) değildir. Olması gereken bir durumdur. Bu annenin çocuğunda olduğu gibi, bağlanmanın olmaması çocuğun gelişimini durdurur, hatta geriletir.

Anneler de çocuklarına görünmez bir bağ ile bağlıdırlar

Bu bağı zedeleyen herşey, annede gerginlik yaratır. Bir araştırmamızda, çocuğun anaokuluna gitmek üzere evden ayrılmasının dahi, annede derin bir kaygı oluşturmakta olduğunu saptadık. Üstelik bu kaygı, önemli ölçüde anne davranışlarına yansıyordu. Gerek bu çalışmanın sonucu, gerekse anne davranışları üzerine yapılmış olan diğer gözlemlere dayanarak, sebep ve süresi ne olursa olsun, bir annenin çocuğundan ayrılması halinde hissettiği endişenin ***"kaybetme anksiyetesi"*** olduğu iddia edilebilir. Çünkü annenin, çocuğundan her ayrılışında, onu kaybetme korkusuna kapıldığı açıktır.

Bir annenin çocuğundan ayrılması durumunda hissettiği endişenin kaybetme anksiyetesi olduğu söylenebilir.

Çocuğun anneden ayrılması halinde, çocuğun hissettiği ayrılma anksiyetesi yaşamın ilk üç yılında ortaya çıkarken; annenin çocuğundan ayrılması halinde, annede ortaya çıktığı öne sürülen kaybetme anksiyetesinin, yaşam boyu sürdüğü öne sürülebilir.

- Seksendört yaşındaki anneannem 60 yaşındaki annemi uğurlarken pencereden işaretler yapardı. Bu işaretlerin ne olduğuna dikkat ettiğimde "karşıdan karşıya geçerken sağına soluna dikkat et" anlamında olduğunu anladım.

Anksiyete; öz varlığa karşı bir tehlike sinyalinin içsel algısıdır. Ölüm, yani yok olma duygusuna eşdeğer ağırlıktadır. Korkudan farkı, tehlikenin çevresel olmayıp, içsel olması, yani sezgiselliğidir. Tehlike sinyalini sadece onu hisseden birey algılar, diğerleri değil.

O nedenle, anksiyetede gerçekçilik yoktur ve mantık aranmaz. Sorgulanmadan varlığının kabulü gerekir. *Seksendört yaşındaki anneannem, 60 yaşındaki çocuğunu, yani annemi tehlikeden korumaya çalışıyordu.*

Ayrılma anksiyetesi

Ayrılma anksiyetesi (korkusu); bebeğin kendisini koruyup kollayan, bakımını yapan kişinin, yani annenin yokluğunda, öz varlığının tehlikede olduğunu hissetmesidir.

Yaşamın ilk üç yılında çocuk, yaşayabilmek için bakıma muhtaçtır. O nedenle, annenin yokluğu bu yaş çocuğu tarafından yaşamın sonu olarak algılanır ve anksiyeteye yol açar. Nitekim çocuk öz bakımını yapabilecek olgunluğa ulaşınca, annesine olan bağlanma ve dolayısı ile annesinden ayrıldığında hissettiği anksiyete ortadan kalkar. Kısacası, yetişkin dönemde anneden ayrılma halinde anksiyete hissedilmez. Yaşamın ilk üç yılı boyunca, annenin sürekli sıcak, içten, koruyucu, kollayıcı davranışları sonunda kazanılan anneye bağlanma mekanizmaları, üçüncü yaştan sonra annenin kaybı ile anksiyeteye yol açmasa da, yetişkinin davranışları üzerindeki etkisini başka biçimde hissettirir. Temel ihtiyaçları anne sıcaklığı ile anında karşılanan çocuk, bu sayede başkalarına güvenebilmenin temeline sahip olur. Aksi halde, yaşam boyu diğerlerine güvenmekte sıkıntı yaşar. Başkasına güven en zor kazanılan, en çabuk kaybedilen bir duygudur. Yabancı birinin herhangi bir saldırısı üzerinde durulmaz, bu saldırı unutulur gider. Oysa güvenilen birinin en ufak bir yan bakışı, en ufak bir ters davranışı dahi asla affedilmez. İnsanın iç dünyasında silinmez izler bırakır. Çünkü güvenmek; kendini teslim etmektir. Böylesine hassas bir duygu olan **güvenin temeli, yaşamın ilk üç yılı boyunca anında ve sürekli bir şekilde özverili, koruyucu, kollayıcı anne davranışlarına karşılık olarak kazanılır.** Aksi halde, yaşam boyu kazanılamaz. Eksikliği hep hissedilir.

Kaybetme anksiyetesi

Anksiyete, öz varlığın tehlikede olduğu durumlarda ortaya çıkıyor ise, annenin çocuğundan ayrıldığında hissettiği duygunun ***"kaybetme anksiyetesi"*** olabilmesi için, çocuğundan ayrılması halinde annenin yaşamının tehlikeye giriyor olması gerekir. Oysa çocuğundan ayrılmakla annenin yaşamının son bulması söz konusu değildir. Çünkü, anne yaşamını sürdürebilmek için çocuğuna muhtaç değildir.

Başkasına güven,
zor kazanılan ancak kolay
kaybedilebilen
bir duygudur.

Çocuğundan ayrı kaldığında annenin hissettiği duygu anksiyete değil midir?

Çocuk doğurmak, kalıtsal materyalin bir sonraki nesle aktarılmasıdır. Bu aktarıma yönelme davranışları; öğrenilmeye, yani şart ve tesadüflere bırakılmayan, genlere kodlanmış, olmazsa olmaz, filojenik davranışlardır. O nedenle, herhangi bir sorunu olmayan doğurganlık çağına gelmiş her kadın, çocuk sahibi olmak ister. Herhangi bir şekilde bu mümkün olmamışsa ve geleceğe bırakabileceği bir etkinliği yok ise kadın yaşamı boyunca huzursuz, mutsuzdur. Genlerin geleceğe aktarılma aşaması, çocuk doğurmakla da tamamlanmaz. Bu sefer çocuğun doğurgan yaşa gelene kadar korunması devreye girer. O nedenle, torun sahibi olma duygusu paha biçilmez bir mutluluktur. Annenin çocuğundan ayrıldığında hissettiği duygunun anksiyete olması iddia edilirken, annenin öz varlığının çocuğuna aktardığı kalıtsal materyali ile özdeşleştiği, dolayısı ile öz varlığına eş tuttuğu kalıtsal materyalinin yok olma korkusunun, anksiyeteye neden olduğu öne sürülür. Bir başka deyişle, annenin kalıtsal materyaline sahip olan çocuğun tehdit altında olması, anne tarafından yaşamın sonu, yani geleceğin kaybedilmesi olarak algılandığı iddia edilebilir. Annenin kalıtsal materyalini kendi öz varlığı olarak algılaması söz konusu ise, bu durumda çocuğundan ayrılmanın annede "kaybetme anksiyetesine" yol açtığı pekala kabul edilebilir. İnsan için en acı duygunun evlat kaybı olmasının nedeni bu olmalıdır.

Çocuğundan uzak kalması halinde anne, kendi kalıtsal varlığına gelebilecek herhangi bir tehlikeyi bertaraf edemeyeceği kaygısını hisseder. Çocuktaki ayrılma anksiyetesinin, çocuğun kendi bakımını sağlayabildiği, yani besine ulaşabileceği yaş olan üç yaşına kadar sürmesine karşılık; annenin hissettiği "kaybetme anksiyetesi", annenin yaşamı boyunca sürer. İşte bu yüzden, 84 yaşındaki anneannem, 60 yaşındaki annemi hala korumaya devam etmektedir. Çünkü genetik materyalin kaybının, besine ulaşmanın mümkün olduğu yaş ile karşılaştırılabilecek şekilde bir yaşı yoktur. Anne çocuğunun da doğurganlığını görmeli, yani genler mutlaka geleceğe geçmelidir. Nitekim anneanne ve babaannelerin torunlarını anneden daha çok benimseyip sahip çıkmaları da bundandır. Anne yaşadıkça genetik materyalin korunduğundan emin olmalıdır. Torununu görmüş bir annenin, kendi çocuğunu kaybettiğinde duyduğu acının kısmen ve göreceli hafiflemesi de bundandır.

Her iş günü çocuğundan ayrılmak, çalışan anne için bir kabustur

Anne işe gitmek üzere çocuğundan her ayrılışında, onun tehlikede olduğunu, bu tehlikeyi fark edemeyeceği için bertaraf edemeyeceğini, dolayısı ile çocuğunu koruyamayacağı ve onu kaybedeceği endişesini yaşar. Anne, başkasına emanet ettiği çocuğunun beslenmesinin, temizliğinin ve bakımının yeterince yapılamayacağından kaygı duyar. Çocukların maruz kaldığı her türlü taciz, çalışan annede kendi çocuğuna da benzer bir taciz gerçekleşecekmiş korkusu yaratır. Annenin uykuları kaçar, hırçınlaşır, kendi hazlarından vazgeçer, davranışlarında depresyon öğeleri ortaya çıkar.

İşten geri kalan zamanının önemli bir kısmını kendi ev işlerine ayırmak durumunda kalan ve aşırı yorulan annenin, çocuğuna ayırabileceği zaman daralır. Yorgun anne ve çocuk başbaşa kaldıklarında, bu dar zamandan yeterince yararlanamazlar. Anne kendini yetersiz hisseder. Bu durum, çalışan annenin stresini bir kat daha arttırır.

Yaşamın ilk üç yılında anne ona aittir. Anneden ayrılınca ağlar. Bu bağımlılık değil, olması gereken bağlanmadır.

Anne, başkasına emanet ettiği çocuğun bakımının yeterince yapılamayacağından kaygı duyar.

Çocukla beraber olunan süreyi etkili kılabilmek için, davranışın altında yatan dürtü doğrultusunda davranılmalıdır

Çocuk, yetişkinin küçük bir kopyası değildir. Yetişkinden çok farklıdır. Yaşa bağlı olarak sürekli ve süratli bir değişim gösterir. Kaldı ki, yetişkin de sürekli bir değişim içindedir. Ancak yetişkinin içinde bulunduğu devinim çocuğunkinden birkaç anlamda önemli ölçüde farklıdır. Şöyle ki; yetişkinin içinde bulunduğu devinim çocuğunkine göre oldukça yavaştır. Yani çocuk neredeyse aylar içinde başka kimlik dönemlerine geçiş yapıyor olmasına rağmen yetişkinde bu değişim süreleri 10'ar yıl gibi uzun aralar ile gerçekleşir. Bu değişim süreçleri yaş ile bağımlıdır. Çocuğu yetişkinden ayıran bir diğer önemli nokta, çocuklukta beynin yeni yapılanıyor olmasıdır. O nedenle, yaşananlar beynin kendi dokusuna kaydolurken (sinaptik yapılanma), yetişkin dönemde hafıza ya da benzeri öğrenme alanlarına kaydolur. Bir başka deyişle, çocuklukta yaşananlar hatırlanmaz ama hiç unutulmaz. Oysa yetişkin dönemde yaşananlar hatırlanır ama hep unutulur. Paradoksa benzer bir söylem olmakla, bu gerçek her alanda kendini hissettirir. Örneğin, kişi anadilini nerede, ne zaman ve kimden öğrendiğini hatırlamaz ama anadilini hiç unutmaz. Oysa bir yabancı dili nerede, hangi sözlükten, kimden ve nasıl öğrendiğini hatırlar ama, o dili konuşsa, o dilde yazışsa dahi hep sözlüğe bakmak ihtiyacı hisseder. Buradan, beynin çocuklukta şekillendiği, yetişkin dönemde kazanılmış bu şeklin üzerine yeni kayıtların yapıldığı anlaşılır. Belki de, annelerin çocuk yetiştirirken gösterdikleri hassasiyetin altında bu gerçeğin içgüdüsel olarak farkında olduklarının payı vardır. Anne, yetiştirmekte olduğu çocuğunun üzerindeki kalıcı etkisinin farkında olduğu içindir ki, özellikle hata yapmamak adına duyduğu sorumluluk duygusu onun davranışlarına yansır.

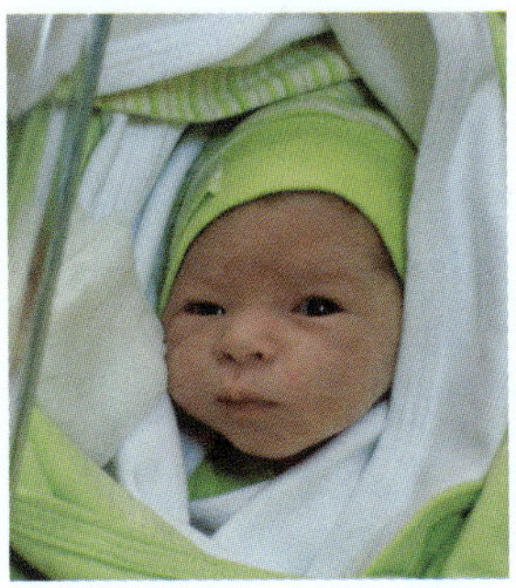

Çocuğa doğru
yaklaşımın esası, çocuk davranışlarını
takip edip doğru
yorumlamaktır.

Çocuğun davranışları her değişim döneminde farklı özellikler içerir. Çünkü, davranışları; içinde bulunulan yaşa ait dürtüler belirler. Dürtüler, o yaş döneminin sonunda kazanılması gereken aşamanın kazanılabilmesi için gerekli olan içsel motor güçtür. Sonuç olarak, yaşa özgü olan bu içsel tepkilerin belirlediği çocuk davranışlarının neden ve niçinleri, yetişkin mantığı ile açıklanamaz, anlaşılamaz. Bu davranışları anlamak için, bu içsel dinamikleri anlamak ve bu bağlamda onun davranışlarını yorumlamak, dolayısı ile bu doğrultuda bir tutum belirlemek gerekir. Çocuğun içsel dinamiklerinden habersiz ise yetişkin mantığı bu tutumu rasyonel bulmaz. Böyle bir yetişkin bakış açısı ile yönlendirilmek de çocuğun dinamiklerine, bir başka deyişle doğanın gidişine uymaz. Nitekim canlı ile ilgili bilimlar masa arkası bilimler değildir. Yani, masanın arkasında oturup, güneşin bir sonraki gün batıdan doğuşunu beklemek gerçekleri yansıtmaz. Canlı bilimleri doğayı takip edip ortalamayı vermek durumundadır. Böyle olunca, çocuk davranışlarının yetişkin mantığı ile açıklanmasında ısrar etmek abesle iştigaldir. Daha da vahimi, yetişmesinde çevresel uyaranların neredeyse yarı yarıya etkili olduğu çocukluk döneminde, gerçekleri yansıtmayan bir tutumda ısrar ediyor olmanın çocuğun şekillenmesinde kalıcı olumsuz etkisinin ortaya çıkacağıdır. Çocuğa doğru yaklaşımın esası, çocuk davranışlarını takip edip doğru yorumlamaktadır. Hiç bir yorum yapılamıyorsa, en doğrusu çocuğu germeyecek yaklaşımın benimsenmesidir.

Yaşamın ilk üç yılı, beyinde yeni sinaps oluşma hızının saniyede otuz milyon (30.000.000) olduğu bir dönemdir. Bu dönemin en belirgin özelliği olan anneye bağlanma, yetişkin mantığı ile "anneye bağımlılık, kişiliğin anneden kopamayacağı" biçiminde yorumlanabilir. Oysa bu dönemde anneye bağlanma, çocukta meydana getirdiği güven ortamında zihin ve lisan gelişiminin temelini oluşturur. Gelecek yaşamında kimliğin, başkalarına güvenebilme duygusunu yerleştirir. Bu dönemde annesi ile yeteri kadar birlikte olamayan ya da birlikte olduğu halde, herhangi bir sebeple annesinin varlığını gereği gibi hissedemeyen çocuk, anne yerine "bir obje" koyar. Çocuk, annesinin kokusu ya da dokusu ile özdeşleştirdiği bir materyale takıntılı bir bağlanma geliştirir. Bu; emzik, tülbent, yastık gibi bir obje olabilir. Anne yerine konan bu objeye "transfer obje" denir. Yetişkin mantığı, kirlenmesine rağmen, çocuğun ağzına sokmayı, sarılmayı ısrarla sürdürdüğü bu transfer objenin anne ile özdeşleşebileceğini anlayamaz. Çocuğun bu takıntısını kabul edip, ellenmekten, emilmekten kirlenmiş olan bu objeyi hiç değilse temiz olarak ağzına soksun ya da ona sarılsın diye pırıl pırıl yıkar. Bu sefer de, çocuğun objenin temizlenmiş halini reddediyor olmasını anlayamaz.

Kısacası, anne basit bir objenin kendi yerini almış olmasını kabul edemez. Kaldı ki anne, bırakın çocuğunun bir objeye bağlanmasını, onun bakıcısına bağlanmasını dahi kabul edemez. Canlıya doğru yaklaşımda geçerli olan doğanın takibi ise annenin çocuğun bu bağlanma davranışını yakından takip etmesi gerekir. Bu durumda, bağlanma davranışını yok etmek yerine varlığını fark etmek, dolayısı ile olması gerektiğini kabul etmek gerekir. Öte yandan, annenin de bir canlı olduğu unutulmamalıdır. Annenin çocuğunun kendinden başka kişi ya da objelere bağlanıyor olmasını reddetmesi de fark edilmesi gereken bir davranıştır. Onun çocuğu ile bir bütün olma davranışının altında da, anne ve çocuk bağının varlığını tartışmasız kabul etmekten başkası düşünülemez.

Çocuk doğumdan sonra karşılaştığı çevresel uyaranları kodlar. Söz konusu kodlamanın ilk belirtileri 3. aydan başlayarak süregelir. Onuncu ayda belirgin olur. Şöyle ki, 10. aylığa kadar bebek, kendisine gösterilen bir obje görme alanından çıktığında, yani gözünün önünden ayrıldığında objeyi takip edemez. Görme duyusu ile algılamadığı bir obje bebeğin zihninde devamlılığını koruyamaz. Çünkü bu aya kadar zihinsel kayıtlar yetersizdir.

Kimlik aşamaları somut değildir, kazanılmamış aşamanın eksikliği farkedilmeyebilir. Bu eksiklik, çocukta uykusuzluk, huzursuzluk, hırçınlık olarak ortaya çıkar.

Bebek beş duyusunun algıladığı ölçüde çevrenin farkındadır. Objeler onun duyuların alanı içinde ise vardır, değilse yoktur. Onuncu ayda beyinde gelişmekte olan zihin yapıları ile birlikte bebek 5 duyusu ile algılamadığı halde objelerin devam edebileceğini kavrar. Artık oyuncağı yere düşse, takip edebilir. Beynin bu yeteneğine "obje devamlılığının kazanılması" denir. Esasında insanın lisan yeteneği de bu zihinsel kayıtların gelişmiş bir halidir. Nitekim obje devamlılığı kazanamamış bir çocukta lisan da ortaya çıkamayacaktır. Ancak 3. yaşa kadar zihinsel devamlılığı kazanılamayan bir obje vardır; o da annedir. Bir başka deyişle, bebek annesi her ayrıldığında onun "bir daha gelmeyeceği, yok olduğu" algısına kapılır. Bu onda ciddi boyutta gerginliğe (anksiyeteye) neden olur. Uyanıp annesini göremediğinde, evi arar. Ağlar. Huzursuz olur. Uykuları bozulur. Anne geldiğinde ondan ayrılmak istemez. Uykuları geç saatlere sarkar. Anneden ayrılmak istemez ve onunla birlikte olduğu saatleri uzatır. Anne ile birlikte uyumak ister. Gece defalarca kalkar. Anne onun acıktığı ya da susadığını sanır. Fakat çocuk kendisine verilen suyu da, sütü de bir yudum aldıktan ve hatta hiç almadan annesini gördükten hemen sonra tekrar uykuya dalar. Bu davranışları yeterince tatmin edilmiyor ya da herhangi başka bir sebeple ile annenin devamlılığından kaygı duyuyor ise bebek anneyi taciz etmeye başlar. Çocuğun anne ile birlikte olma talebi öyle boyuta ulaşır ki, annenin günlük yaşamı kabusa dönüşür. Bebek memeden ayrılmaz, annenin saçını tutmadan uyuyamaz, annenin telefon ile konuşmasına bile fırsat vermez, hiç olmadık yerde sebepsiz ağlar, hatta krize girer, elini ısırır, başını yere vurur.

Burada özellikle çalışan annenin yapması gereken, evden ayrılırken bebeğine tekrar geleceğini anlatması ve buna onu ikna etmesidir. Şüphesiz ki bu, sözel bir ikna yöntemi olmayacaktır. Onuncu aydan büyük bebeklerde, bebek obje devamlılığını kazanmıştır, (yani oyuncağını yere düşse de düştüğü yere bakmak sureti ile takip

Çocuk uyanıp annesini göremediğinde huzursuz olur, ağlar.

edebilmektedir), o halde anne kendini objeleştirmek sureti ile evden ayrılmalıdır. Bunun sağlanabilmesi için anne asla evden bebeğin arkasından ağlamasına engel olmak amacı ile "sıvışarak" ayrılmamalıdır. Annenin "sıvışarak" yani gizlice evden ayrılması halinde, çocuk anne ayrılırken ağlamamış olur ama annenin yokluğunu fark ettiğinde çaresizce onu arar. Bu bebekte depresyona neden olur.

Annenin evden ayrılırken yapması gereken ikinci olay ise, bebeğe kokusunu bırakmaktır. Yani, anne kullanmış olduğu bir yastık kılıfı, gecelik ya da kendi kokusunu taşıyan bir başka eşyasını bebeğin yatağında bırakmalıdır. Evden ayrılırken bebeği her zaman yapmadığı fakat sadece ayrılma ve kavuşma durumunda başvuracağı belli bir davranış ile sevmeli, saçını okşamalı ya da belli bir kelimeyi ritmik sevecen bir sesle söyleyerek ayrılmalı ve karşılaştıklarında yine aynı davranışı tekrarlamalıdır.

Anne bebeğin uykuda olduğu bir saatte evden ayrılıyor ise, onun uyku saatlerini değiştirerek bebeğin uyanıyor olmasını sağlamalıdır. Kesinlikle bebeğin uykusunu bölmek sureti ile "sıvışmamak" adına ondan ayrılmamalıdır. Eğer bebeğin uyku saatlerini değiştirmek mümkün olmuyor ya da anne çok erken saatlerde evden ayrılıyor ise, bebeğinden ayrılma ve kavuşma davranışlarını bebek uykuya dalarken tekrarlamalıdır.

Çocuğun biraz daha büyümesi ile birlikte anne evden her ayrılışında, aralarında "bir sır" olan bir objeyi bebeğine bırakmalıdır. Bu bir oyuncak, bir eşarp, bir çakıl taşı olabilir. Anne bebeğinden ayrılırken söz konusu objeyi ona sanki aralarında çok önemli bir sır gibi bırakmalı ve onu saklamasını istemelidir. Eve geldiğinde ilk iş objeyi sormalı ve bebeğinden onu yine mimikler ve ses tonlamaları ile abartılmış bir gizlilik içinde geri istemelidir. Bir sonraki ayrılık anında tekrar transfer

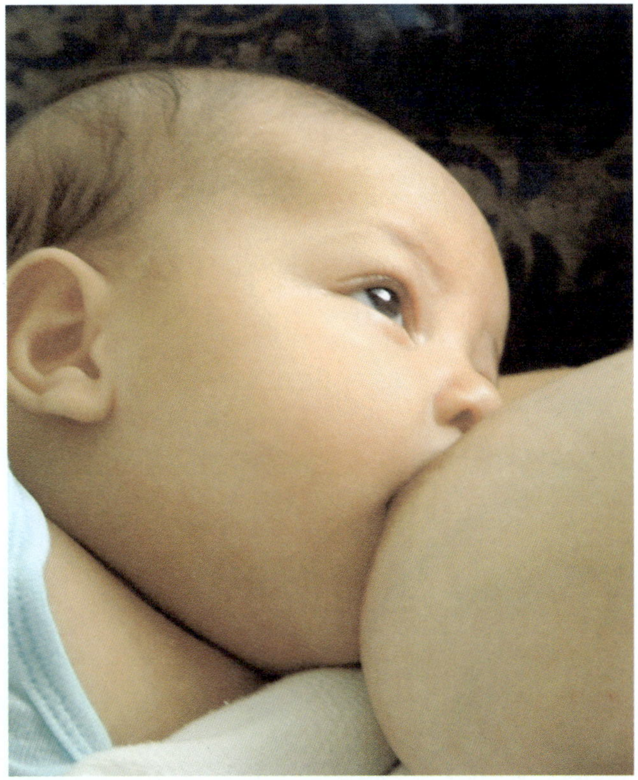

İlk üç yılında bebeğin beklentisi, temel ihtiyaçlarının karşılanmasıdır.

Beynin temel amacı, bireyin çevreye uyum sağlamasıdır. Bu yüzden, doğumla birlikte, çevresel uyaranlar bireyin gelecekteki davranışlarını belirleyecek şekilde kaydedilir.

obje bebeğe bırakılmak üzere anne ve bebeğin aralarında sır olan bir yere kaldırılmalıdır.

Çocuğun ilk 3 yaşında, anneye bağlanmanın zihin ve lisan gelişimindeki ve güven duygusunun gelişmesindeki önemi ve ayrıca obje devamlılığı kazanıldığı halde annenin devamlılığının kazanılamadığı bilindiği takdirde, anne kendisinin yerine geçmekte olan bir transfer obje varlığından rahatsızlık duymayacaktır. Aksi halde, düz mantık yürüterek bebeğinin bir bez parçasına takıntılı davranışlar gösteriyor olmasından huzursuz olacak ve doğanın tersine bir davranışa yönelerek bebeğinin takıntılı yaklaştığı transfer objeyi yok etmeye çalışacaktır. Beklendiği gibi, bebek transfer objeden kopamayacaktır. Bu durum, zaten anneden ayrılmakla gergin olan bebeğin gerginliğini bir kat daha artıracaktır.

Annenin çalışıyor olması halinde, bebeğin bakıcısına yakınlaşması ve ondan ayrılamaması durumu da anneyi huzursuz eder. Burada öncelikle anlaşılan, bakıcının bebeğe doğru yaklaşımda bulunduğudur. Bakıcının, bebeğin her istediğinde ve istediği biçimde onun, besin, temizlenme ve uyku olan temel ihtiyaçlarını karşılamakta olduğu anlaşılmalıdır. Nitekim, bebek temel ihtiyaçlarına bizzat kendisinin ulaşamadığı ilk 3 yaşında kendisine bu temel ihtiyaçları anında ve sıcak bir şekilde verene bağlanır. Anne bu olguya da düz mantık ile yaklaşır ise, bebeğinin bakıcısına bağlanmasını "ona bağımlılık davranışı" olarak yorumlar ve bu durumdan rahatsız olur. Oysa bebek içinde bulunduğu döneme özgü biçimde davranmakta ve olması gerektiği biçimde kendisinin temel ihtiyaçlarını karşılayana bağlanma davranışı sergilemektedir. Bu durumda annenin yapması gereken bebeği içinde bulunduğu dönemin dinamikleri doğrultusunda yorumlaması ve tutumunu bu dinamikler doğrultusunda belirlemesidir. Annenin bebeğinin bakıcısına değil de, kendine bağlanmasını istemesi olması gerekendir. Nitekim bebek doğduğu andan itibaren annesinin farkındadır. Bu yeteneğini daha anne karnında annesinin kokusunu kodlamak sureti ile kazanır. Koku duyusu, insanda hayvandaki ile karşılaştırılırsa önemli ölçüde körelmiş bir duyudur. Ancak, insanda koku duyusu anne karnındaki dönem de dahil olmak üzere yaşamın ilk 3 yılında oldukça gelişmiştir. Sözün özü bebeğin de beklentisi daha anne karnında iken kodladığı ve sütü ile kendisini besleyecek canlı olan annesine yönelmek ve ona bağlanmaktır. Ancak annenin çalışıyor olması gibi bebeğin temel ihtiyaçlarını annenin karşılayamadığı durumlarda doğal olarak bebek bu ihtiyaçlarını karşılayana yönelecektir. Bu durumda, annenin isteği nasıl gerçekleşir? Anne, evde olduğu ve bebeği ile geçirdiği zamanı kaliteli biçimde değerlendirmelidir. Kuşkusuz çocuk ile geçirilecek zamanın kaliteli olmasının en çok gerekli olduğu dönem, bu dönemdir. Bu yaştaki çocuk ile geçirilecek zamanın kalitesini belirleyen, bebeğin temel ihtiyaçlarının karşılanıyor olmasıdır. Şüphesiz ki, ileriki yaşlarda çocuk ile geçirilen zamanın kaliteli kılınması için yapılacaklar değişecektir. Bir başka deyişle, çocuk ile geçirilecek zamanın kalitesini artıran çocuğun içinde bulunduğu gelişme aşamasının dinamiklerini dikkate alan yaklaşımlardır. Yaşamın ilk 3 yılında bebeğin beklentisi olan beslenme, uyuma ve yıkanma gibi temel ihtiyaçlarının karşılanmasıdır. Bu durumda anne, bebek

ile birlikte olduğu zamanları onun bu temel ihtiyaçlarını karşılayarak değerlendirmelidir. Bebek, kendisine bu şekilde yaklaşan bir anne varlığında, kısa süre birlikte olabilseler de anne farkındalığını kaybetmez. Oysa genellikle anneler bebekleri ile kaliteli zaman geçirmekten, onunla en kaliteli oyuncaklar ile oynamayı algılarlar. Bu da bebeğin yetişkin mantığı ile değerlendirilmesine verilebilecek bir diğer hatalı yaklaşım örneğidir.
Bu konuda sık yapılan bir diğer hatalı yaklaşım da, bakıcıların sık değiştirilmesidir. Hele bakıcı değiştirme işlemi, annenin bebeğinin bakıcısına bağlandığını hissettiği ve buna engel olmak için yapılıyor ise, sonuçları çok daha vahim olur. Çünkü bebeğin bağlanma mekanizmaları koparılmış olur ve bebek depresyona girer. Bakıcılar bebeğe sıcak davranamıyorlar ya da bağlanma geliştirecek yeterli süre bebekle birlikte kalamadan ayrılıyor iseler de bebekte besleyene bağlanma mekanizmaları gelişemez, dolayısı ile bebek kendini emin zeminde hissedemez. Emin zeminde öğrenme sistemleri de gelişemez. Bu tıpkı sınav heyecanı ile kendini emniyette hissetmeyen öğrencinin bildiklerini unutmasında olduğu gibi bir etkiye benzer.

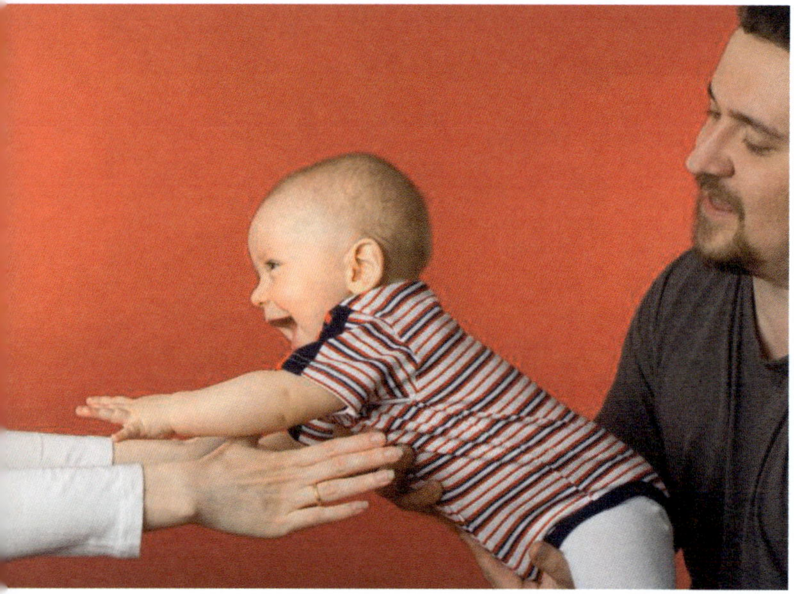

Çocuğa aynı anda birden fazla kişinin bakıyor olması sakıncalı bir yaklaşımdır.

Yukarıdaki açıklamalar doğrultusunda yapılması gerekene gelince; bakıcı seçiminde en çok üzerinde durulması gereken, bakıcının çocuğa sıcak yaklaşımı ve uzun süre onunla birlikte kalacak olmasının garanti edilmesidir. Bu süre yine yukarıdaki açıklamalara göre yaşamın ilk 3 yılı olmalıdır. Bu süre içinde 12-15. aylar ve 2,5- 3 yaş arası dönem özellikle kritiktir. Şöyle ki; ilk 3 yıl içindeki bu iki dönemde anneye (besleyene) bağlanma etkinliğini artırır. Kısacası, besleyenden ayrılma zorunlu ise, özellikle bu iki yaşam aralığından uzak dönemlere kaydırılmasının planlanmasında yarar vardır.

Çocuğa aynı anda birden fazla kişinin bakıyor olması da yine bebek bakımında başvurulan fakat sakıncalı bir yaklaşımdır. Çalışan anne çocuğunu bir bakıcıya bırakmaktansa anne ve kayınvalidesinden ya da diğer yakınlarından dönüşümlü bakım talep eder. Bu sakıncalıdır, şöyle ki; beyinde yüz kayıtları önemlidir. Annenin yüzü beyinde bir alana, yakın çevredekilerin yüzü beynin başka bir alanına ve yabancıların yüzleri de yine başka bir beyin alanına kaydolur. Yüz kayıtları bu kadarla da kalmaz. Yüze ait ağız, göz, kulak gibi ayrıntılar yine anne, yakınlar ve yabancılar için ayrı ayrı olmak üzere belli beyin alanlarına ve en önemlisi mimikler yine bu kişi kategorileri dahilinde belli alanlara kaydolurlar. Yani, yüz kayıtları insan davranışlarını belirlemede ve sosyalleşmede çok önemlidir. Annenin, yani bebeği besleyenin yüz kayıtlarının diğerlerinden ayrı ve özellikli kodlanıyor olmasının nedeni bebeği onu besleyene yönelmesini garanti etmek içindir. Buradan bebeğin

bakımını yapanın tek olmasının gereği açıktır. Yani bebek tek elden bakılmalı, dönüşümlü bakıcı sisteminden uzak durulmalıdır.

Annelerin bebeklerini teslim ederken sık olarak başvurdukları bir diğer yöntem de bebeği bir aile yakınının gözetiminde bakıcıya teslim etmektir. Yukarıdaki tartışma doğrultusunda burada dikkat edilmesi gereken, bebeğin temel ihtiyaçlarını hep aynı kişinin yapıyor olması, diğerinin ise temel ihtiyaçları karşılayana yardımcı olmasıdır. Yani, eğer bebeğe bakan aile yakını onun altını alabilecek, besleyecek ve uyutabilecek güçte ise bu ihtiyaçları bizzat kendisi üstlenmeli, bakıcı ona diğer işlerde yardımcı olmalıdır. Yok, aile yakını yaşı veya sağlık durumu nedeni ile bebeğin temel ihtiyaçlarını karşılayamayacak durumda ise, bebeğin temel ihtiyaçları bakıcı tarafından karşılanırken aile yakını ona göz kulak olmalıdır.

Yukarıdaki hangi seçenek seçilmek durumunda kalınır ise kalınsın, anne evde olduğu süre içinde mutlaka bebeğin temel ihtiyaçlarını karşılamalı, diğer tüm uğraşlarına ikincil önemde zaman ayırmalıdır.

Sonuç olarak tüm canlılarda olduğu gibi, çocuğun da içsel dinamiklerini belirleyen, içinde bulunduğu yaşa ait ihtiyaçlardır. Bu ihtiyaçlar, çocuğun o yaş döneminin sonunda kazanılmasının beklendiği kimlik aşamasının olmazsa olmazlarıdır. Söz konusu ihtiyaçları karşılanan çocuk, o dönemde beklenen aşamaya ulaşır. Yaşa özgü temel gereksinimleri karşılanan, dolayısı ile gelişmesi aksamadan süren çocuk; huzurludur, mutludur, uyumludur. Huzurlu çocuk ile yaşam hem kolay, hem de zevklidir. Gelişme süreci yolunda giden çocuğun huzur ve mutluluğu karnı doymuş, uykusunu almış çocuğun mutluluğuna benzer. Anne için önemli olan da çocuğun kalıtsal olarak sahip olduğu kapasitenin en üst seviyesine ulaşabilmesidir. Bunun gereği de gelişme aşamalarının eksiksiz tamamlanıyor olmasıdır. Çocuğunun ulaşabileceği kapasitenin en üst seviyesine ulaşması adına gerekeni yapmış olmak anneye de ayrı bir sevinç verir. Böyle olunca, gelişmesini olması gerektiği gibi tamamlamakta olan çocuk da, ona bakan anne de, mutludur, huzurludur.

Bu tartışmadan anlaşılacağı gibi, yaşa özgü gereksinimleri karşılanmadığı için huzursuz olan çocuğun davranışları "Yapma, etme...." komutları ile düzelmez. Çocuğun kimlik aşamalarının kazanılması doğrultusunda, yani onun kimlik gelişimini destekleyecek biçimde takınılan tutum ancak onun huzurlu olmasını sağlar. Dolayısı ile çocuğun davranışlarının sorun olması baştan engellenmiş olur. Aksi halde, çocukta huzur olmadığı gibi, o döneme ait kimlik aşaması da kazanılamaz.

Kimlik aşamaları; yürümek, konuşmak yeteneklerinde olduğu gibi somut değildir. O nedenle, kazanılamamış aşamanın eksikliği de fark edilmeyebilir. Bu eksikliğin verdiği içsel gerginlik çocukta huzursuzluk, hırçınlık, huysuzluk olarak ortaya çıkar. **Çocuk; uykusuz, kabız, inatçı ve saldırgan olarak tanımlanır ve terbiye edilip, adam edilmeye çalışılır.** Ancak, çocuğun bu olumsuz tutumu laftan, sözden ve hele öğütten hiç anlamaz. Yetişkin mantığı da, sözden anlamayan bu davranışları anlamaz. Bu sefer, çocuk inatçı ya da asi olmakla suçlanır. Hele, konuşma aşamasına gelmiş bir çocuğun kendisine söylenenleri dinlermiş gibi yapıp, "Tamam, anladım, özür dilerim, bir daha yapmıycam!" demesine rağmen, yine istenmeyen davranışlarını tekrarlamaya devam ediyor olmasını yetişkin mantığı daha da anlamaz. Esasında, çocuk ne için özür dilediğini bile bilemez. Özür dilemek, onun için sıkıştığı bir durumdan kurtulmak ile eş anlamlı olabilir. Ya da, özür dilemek zorunda kaldığı davranışından kendisi de hoşnut olmamasına rağmen, bu davranışına engel olması mümkün olmayabilir. Özür dilerken bile özür dilediği davranışı tekrarlıyor olabilir. Öte yandan, yetişkin, çocuğun neye özür dilediğini bile bilmiyor olduğunu anlayamadığı gibi, daha da kötüsü, istemediği halde söz konusu davranışı tekrarlayabileceğini anlayamıyor olmasıdır. Bu durumda çocuk; yalancılık, sözünde durmamak ile suçlanır. Beklediğinin aksi bir suçlama ile karşılaşan çocuk rövanş alma davranışına yönelebilir. İstemediği halde tekrarladığı davranışı bu sefer de rövanş almak yani yetişkini taciz etmek adına bir kez daha tekrarlar.

Çocuğun huzursuzluk ve hırçınlığını düzeltmek konusunda yetişkinin ürettiği çözümler tükendikçe, çocuk ile arasındaki sürtüşme tırmanır. Böyle olunca, yetişkin de gerilmeye başlar. Şimdi artık, huysuz, huzursuz, hırçın olma sırası yetişkine gelmiştir. Bu duygular, tıpkı çocukta olduğu gibi yetişkinde de saldırganlığa neden olur. Bağırmak, çağırmak, azarlamak, aşağılamak, sövmek, dövmek ve hatta kendi "saçını başını yolmak" bu noktada devreye girer. Öte yandan, ihtiyaçlarının karşılanmasını beklerken, bir de hırpalanan çocuk, bu yöntemlere duyarsız olmakla kalmaz, daha da hırçınlaşır. Vurur, kırar, ısırır. Eşyalardan ve karşısındakilerden öfkesini alamaz, kendine zarar vermeye başlar. Başını yerlere vurmaya, ellerini ısırmaya başlar. Bu "bacaksız" karşısında yenilgiyi kabul etmekte zorlanan yetişkin, tıpkı öfkesini alamayıp kendine zarar vermeye başlayan çocuk gibi çaresizlik hisseder.

Çözüm bekleyen davranış değil, davranışı ortaya çıkaran ihtiyaçtır

Çocuk ile yetişkin arasında ortaya çıkan bu gerginliğin çözümünde öncelikle anlaşılması gereken; hedef alınması gerekenin, davranışın bizzat kendisinin olmayıp, davranışı ortaya çıkaran, yani altta yatan dürtünün hedeflenmesi olduğudur. Dürtüler, duyguları harekete getirerek, davranışın ortaya çıkmasına neden olurlar. O nedenle, **davranışlar değil, altta yatan dürtülerin anlaşılması önemlidir**. Örneğin; **huysuz, huzursuz, hırçın davranışların altında karşılanmamış ihtiyaçlar, dolayısı ile gerginlik, mutsuzluk vardır. İnatçı tutumun altında, karşı tarafın önerilerini ret vardır. Yalan söyleme gibi kandırma davranışlarının altında, başarısızlık, yeteneksizlik vardır. Saldırgan davranışların altında ise çaresizlik vardır.**

Aşağıdaki tabloda da görüldüğü gibi, örneğin küsme davranışı gösteren bir bireyin ihtiyaçları karşılanmamıştır. Bunun için acı çekmiş, mutsuz olmuştur. İhtiyaçlarının karşılanması için önce olumlu davranışlara yönelmiş olabilir, yani ihtiyacını talep etmiş olabilir. İhtiyaçları karşılanmayınca, bu kez olumsuz davranışlara yönelmiş ve karşı tarafa küsmüştür. İhtiyacın giderilmesinin talebi genellikle doğrudan olmaz. Doğrudan istemek çoğunlukla mümkün olmayabilir. Doğrudan taleplerin karşılanıyor olması, talep edeni ruhsal olarak tatmin etmiyor olabilir. Buna bir örnek vermek gerekirse, doğum gününün hatırlanmasını arzu eden birinin, karşı tarafa doğum gününü hatırlattıktan sonra bunun gereğinin yapılıyor olmasının bir kıymeti yoktur. Öte yandan, talebin dolaylı olması karşı tarafça fark edilemeyebilir.

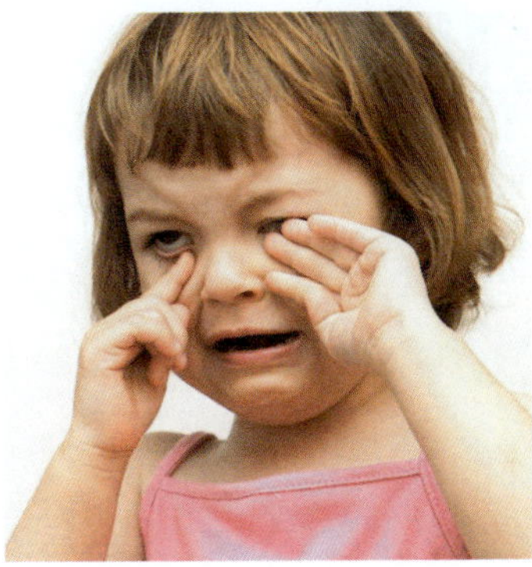

Fark edilmeme halinde birey bu sefer olumsuz davranışlara yönelir. Doğal olarak, olumsuz davranışların fark edilebilirliği daha yüksektir. Örneğin, doğum gününün hatırlanmasını dolaylı olarak isteyen tarafın bu arzusu gerçekleşmediğinde, karşı tarafa küsmesi durumunda küsme davranışı fark edilir. İhtiyaç içindekinin durumunu fark etmeyen taraf, küsme davranışını fark ederse, doğal olarak birdenbire ortaya çıktığını, dolayısı ile gereksiz olduğunu düşündüğü küsme davranışına tepki gösterebilir. Bu durum, sadece hatırlanmak isteyen de değil, aynı zamanda küsülende de sıkıntı yaratır. Artık her iki taraf için de sorun vardır. Yani, ihtiyacı karşılanmayan da, daha önceki talepleri fark etmediği için birden bire küsme davranışı ile karşılaşıp ne olduğunu anlamayan taraf da sıkıntı hisseder. Her iki taraf da gergindir. Dolayısı ile küsme davranışına gösterilen tepki, sorunu çözmediği gibi alevlendirir. Yapılması gereken ihtiyacı olan tarafın ihtiyacının karşılanmasıdır. Ya da bu ihtiyacın karşılanabilmesi mümkün değilse, nedeninin aktarılmasıdır.

Her ihtiyacı karşılamak ya da anında karşılamak mümkün olmayabilir. Esasında, ihtiyacın karşılanması, gerçek anlamda ihtiyacın karşılanması anlamına gelmemelidir. Önemli olan, içinde bulunulan durumun kabul edilebilmesidir. Bazen somut ihtiyaçlarına rağmen, kişi ruhsal doygunluk içinde olabilir. Bireyin ihtiyacının karşılanmasının mümkün olmadığını anlaması ve bu durumu kabul etmesi, onun iç dünyasındaki dengeleri sağlayabilir. İçsel dengelerin sağlanmış olması, dürtülerin sukûneti anlamındadır. Dolayısı ile ruhsal anlamda ihtiyaç giderilmiştir. Buna bir örnek verilecek olursa, çocuğunda iyileşmesi mümkün olmayan bir hastalık varlığında yaşamın devamı için bu durumun kabulü şarttır. Ancak, durumun kabulü ümidin sonudur. Ümitsizlik içsel dengeleri alt üst eder. Burada ümidin korunması ihtiyacı birebir karşılamasa da, iç dengeleri stabilize eder. Olası bir depresyonu önler. Bir başka deyişle; ruhsal ihtiyaç hali, içsel dengesizlik halidir. Doygunluk içsel dinamiklerin durağan, yani sakin olduğu anlamında anlaşılmalıdır. Oyuncak iste-

Küsme davranışına gösterilen tepki sorunu çözmez aksine alevlendirir.

yen çocuğun mutlaka oyuncağı alması değil, alabileceğine inanması, bu beklentisini koruyabiliyor olması dengeleri sağlar. Ruhsal yapının durağan olması halinde, ihtiyaç somut olarak karşılanmamış olsa bile içsel olarak kişi huzurludur. Kısacası, somut ihtiyaçları devam ederken de, insan iç dünyasında dengeleri kurabilir ve yaşam sevincini koruyabilir. Bu dengeler kurulmadıkça, mutsuzluk duygusu ile huzursuzluk, yakınmalar ve sonunda saldırganlık başlar. Daha da ötesinde yaşam sevinci ve hırs ortadan kalkar, depresyon görülür. Görüldüğü gibi davranışın altında bir ihtiyaç vardır. Davranış olumsuz ise, onun ortadan kalkması için yönelinecek olan davranış değil, ihtiyaç olmalıdır. Bir başka deyişle, davranışın ortadan kalkabilmesi için onu ortaya çıkaran ihtiyacın giderilmesi gerekir. Davranışın doğrudan hedef alınması sonuçsuz kalır. Üstelik her iki tarafın da gerginleşmesine neden olur.

Ruhsal ihtiyaçlar doyumsuz ise olumsuz, doygun ise olumlu duygular ortaya çıkar.

Beynin temel amacı, bireyin çevreye uyum sağlamasıdır. Bunun için, doğumla birlikte çevresel uyaranlar bireyin gelecekteki davranışlarını belirleyecek biçimde kaydedilir. Esas olarak kaydolan uyaranlar değil, uyaranların bireyin ihtiyaçlarını karşılıyor olup olmadıklardır. İhtiyaçları karşılayan uyaranlar, gelecekte yaklaşma davranışını ortaya çıkaracak biçimde; karşılamayanlar ise gelecekte uzaklaşma davranışlarını ortaya çıkaracak biçimde kodlanırlar. Yaklaşma ve uzaklaşma davranışlarının ortaya çıkabilmesi için, uyaranlar olumlu ve olumsuz duygularla eşleşerek kaydedilirler. Nitekim tüm duyguların olumlu ve olumsuz komponentleri vardır. Örneğin mutluluk ve mutsuzluk, sevinç ve öfke, aşk ve nefret gibi... Başlıca görevi "adaptasyon" olan beyin için önemli olan, esasında çevresel uyaranlara yaklaşmak ya da uzaklaşmak gibi iki karardan birini verebilmektir. Nitekim kişinin bir uyarana yaklaşması ya da uzaklaşması da bu olumlu ya da olumsuz duygu algıları ile yapılmış kodlama ile mümkündür. O nedenle, duyguların çeşitliliğinden çok, olumlu ya da olumsuz komponentleri önemlidir. Davranışı belirleyen esas öğe de budur. Ruhsal ihtiyaçlar doyumsuz ise olumsuz, doygun ise olumlu duygular ortaya çıkar. Olumsuz duygular, bireyi ihtiyacının varlığından haberdar eder. Bu farkındalık, ihtiyacı karşılayacak davranışın ortaya çıkmasını sağlayacak itici gücü, yani motivasyonu ortaya çıkarır. Bireyi söz konusu davranışa yönelten ihtiyacına ulaşma motivasyonu, yani dürtüdür. Oysa karşı tarafın fark ettiği bütün bunların son durağı olan davranıştır. Oysa çözüm bekleyen davranış değil, davranışı ortaya çıkaran ihtiyaçtır. Söz konusu ihtiyaç karşılandığında davranış otomatik olarak ortadan kalkar. Karşılanamıyor ise, karşılanamayacağı konusunda birey ikna edilir. Bu ikna olma hali yetersiz ise, olumsuz davranış tekrarlar. İkna duygusunun yeterli olabilmesi, genellikle ihtiyacın yerini tutacak başka bir tamamlayıcı ile yer değiştirmesi, onun yerini tutacak bir yaklaşım geliştirilmesi ile mümkündür.

Davranışları ortaya çıkaran dürtü ve duygular

DOYUMLU HAL	**DOYUMSUZLUK: İHTİYAÇ İÇİNDE OLMAK**		**BEKLENTİ: İHTİYACI TALEP ETME**			**BEKLENTİNİN BOŞA ÇIKMASI: ÇARESİZLİK**	
OLUMLU DUYGU	**OLUMSUZ DUYGU**		**OLUMLU DAVRANIŞ**			**OLUMSUZ DAVRANIŞ**	
Sevinçli	**Acılı**	**Öfkeli**	**ÇEKİNME**	**KENDİNİ FARK ETTİRME**	**ETKİLEME**	**DEĞİŞTİRME**	**ZORLAMA**
Hoşnut	Dertli	Gergin	**KORKMA**	**İSTEME**	**YÜCELTME**	**PROTESTO ETME**	**SALDIRMA**
Huzurlu	Kederli	Kızgın	Talep etme	Bekleme	Sürpriz yapma	Şikayet etme	Uyarma
İyimser	Müteessir	Gazaplı	Titreme	Hayal etme	Şaşırtma	Aksini söyleme	Bağırma
Keyifli	Pişman	Sıkıntılı	Şaşırma	İhtiyaç belirtme	Hayrete düşürme	Reddetme	Korkutma
Memnun	İtimatsız	Tiksinen	Ürkme	Arz etme	Değer verme	Geri çevirme	Tedirgin etme
Mutlu	Kararsız		Ürperme	Pazarlık etme	Saygı duyma	Sırtını dönme	Taciz etme
	İnanmaz		Yalan söyleme	Kesin konuşma	Kutlama	İtme	Istırap verme
	Şüpheci			İddia etme	Kutsama	Hoşlanmama	Şok etme
	Kırgın			İspat etme	Huşu duyma	Yüz buruşturma	Aşağılama
	Gergin			Sesini yükseltme	Tapma	Kaş çatma	Alay etme
	Tedirgin			Yalvarma	Hürmet etme	Yüz ekşitme	Hakir görme
	Mutsuz			Ağlama		Öfkeli bakma	Safra kusma
				Başını vurma		Gücenme	Sıkma
				Kendine zarar verme		Sitem etme	Hasta etme
						Küsme	Sövme
						Def etme	Bozma
						İsyan etme	Dürtme
						Boykot etme	Büyütme
						Karşı koyma	Abartma
							Körükleme
							Ateşleme
							Taşkınlık etme

- Kırk günlük bebek sabahtan beri susmamacasına ağlıyordu. Annesinin sütü taşıyor, bebek reddediyordu. Mama veriyorlar, almıyordu. Bu durumu açıklayacak hiç bir tıbbi bulgu yoktu. Hiç kimsenin kucağında huzur bulmuyor, hatta annesinin kucağında bile beli ikiye katlanacak şekilde kendini arkaya atıyordu. Burada bir kaç önemli noktanın açıklanması gerekiyordu. Bebek açtı ve yiyeceği reddediyordu. Süt ile birlikte annesini de reddediyordu. Üstelik sıkıntısı öyle gerçekti ki, yaklaşık 10 saattir uykusuz kalacak şekilde ağlıyordu. Yiyecek ve uyku, bu dönemin temel gereksinimleri idi ve bebek mamayı da, mama vereni de üstelik uykuyu da reddediyordu. Üstelik annesinin sütü taşmasına rağmen annesinin kucağında da huzursuzdu. Yiyeceği şiddetle reddetmesi için mide-bağırsak sisteminde bir sorun olmalıydı, ama yoktu. Kusmuyordu, ishal de değildi. Bu davranışını açıklayacak hiç bir organik sebep görünmüyordu. Aklıma ilk gelen sebebi, diğer organik sebepleri gözden geçirmek adına sona bırakmıştım, bebek anneyi reddediyordu. Son günlerde, bebekle annesi arasında olumsuz bir olay olmamıştı. Anne, bebeğin bakımını başkasına bırakıp gitmemişti. Ama detaylar arasına sıkışmış bir gerçek vardı: Anne o sabah doğumdan sonra ilk kez parfüm kullanmıştı. Anne parfüm kokusunu giderdi. Bebek annesini emmeye başladı...

Yukarıdaki tabloya bakıldığında reddetme davranışının, karşı tarafı protesto etmek anlamında olduğu anlaşılıyor. Yine tablodan anlaşıldığı kadarı ile bu davranış, beklentilerin boşa çıktığı ve artık çaresizliğin başladığı noktada ortaya çıkar. Reddetme davranışına değil, bu davranışı ortaya çıkaran nedene yönelmelidir. Çocuğun hırçınlığının çözümü; onun davranışının altındaki içsel dinamiklerin anlaşılması ve bu dinamiklere uygun davranmakta yatar. Bu yapılıyor ve yine de yeterli çözüm üretilemiyor ise, profesyonel tıbbi bir yardım almayı gerektirecek bir hastalık hali var demektir.

Onuncu aya kadar bebek beş duyusunun algıladığı ölçüde çevrenin farkındadır.

Katıksız ve sürekli birliktelik

- Yoğun bir iş temposu içindeydim. Ama aynı zamanda iyi bir anne olmak istiyordum. Çocuğumun kapasitesinin en üst seviyesine çıkmasına yardımcı olmaktan başka, onu neşe içinde büyütmek ve onun gözümün önünde büyüyor olmasından da haz almak istiyordum. Bütün bunlardan başka eşime de eşlik etmek, ailemi her türlü tehlikeden korumak istiyordum. Bu çaba içinde yorgun argın yaşamakta idim. Önerildiği üzere,5 yaşındaki oğlumun sorduğu akıl almaz, bitmek tükenmek bilmez soruları da yanıtlamaya çalışıyordum. Yine böyle bir gün, hem bulaşık yıkıyor, hem de onun matematik ödevini yapmasına yardım ediyordum. Birden gözlerini açmış, kaşlarını kaldırmış, omuzlarını yükseltmiş bir halde, yüksek sesle:

*"**Gözlerime bak da konuş anne!!!**" diye bana bağırdı. Bu kadar koşuşturuyor, her denileni yapıyor, işte sorularına da yanıt veriyordum. Ama tüm bu çabalamam demek onun tarafından olumlu olarak algılanmıyordu. Demek ki, hem iş kadını, hem anne olmayı başaramıyordum. İlgisiz değildim. İşte onun sorularını önerildiği gibi yanıtlıyordum, ama demek ki gözlerinin içine bakmayı ihmal ediyordum. Çocuk haklıydı. Evet, her sorusuna yanıt veriyordum, ama ya bulaşık yıkarken, ya yemek pişirirken, ya da çamaşır yıkarken... Oğlum onunla gerçekten birlikte olmamı istiyordu. Aramıza yemek, bulaşık, ya da çamaşırın girmesinden rahatsız oluyordu.*

- Peki, bu nasıl olacaktı, bulaşıkları kim yıkayıp, yemekleri kim pişirecek, kim çamaşır yıkayacaktı? Ben kaç parçaya bölünecektim?

* * *

- Her akşam yemeğinden sonra 3 yaşındaki kızımla bohçamızı açıp ona bir bebek dikiyorduk. Bu bebeği dikmemiz aylarca sürdü, çünkü dikişe ayırabildiğimiz süre sadece 15 dakika idi. Ben yorgun argın işten geliyordum. Yemek, bulaşık

Annenin çocuğa ayırdığı zamanın süresi değil, derinliği önemlidir. Bundan da önemlisi, bu derinlemesine birlikteliğin sürekliliğidir.

derken ona ayırabileceğim zaman daralıyordu. O anaokuluna gitmek için erken kalktığından, uykusu erken geliyordu. Bebek dikme süremiz akşamları sadece 15 dakika idi, ama bu 15 dakikada onunla diz dize, göz göze oturabiliyorduk. Bebeğin saçı ne renk olsun, çorap giysin mi, giymesin mi? Bunlara hep o karar veriyordu. Bazen bu 15 dakika sadece bebeğin göz rengine karar verebilmek için geçiyordu. Örneğin, bebeğin elbisesinin yakasına dantel dikip dikmemeye tam 3 günde karar verebilmiştik. Süremiz dolup uykusu geldiği için ertesi akşam yine aynı yer ve aynı saatte buluşmak dileklerimizle öpüşüp koklaşıp onu yatağına yatırıyordum.
O şimdi bir genç kız. Birlikte ürettiğimiz bebeğini halen bilgisayarının üzerinde hep gözünün önünde bulundurur. Bebeğine olan sevgisinin boyutunu anlatmaya gerek duymuyorum, çünkü aramızdaki bu ***somut*** *bebeğin, soyut gücünü ben bile hissedebiliyorum.*

Annenin çocuğa ayırdığı zamanın süresi değil, onunla diz dize, göz göze olabildiği derinlik önemlidir. Bunun da ötesinde, bu derinlemesine olan birlikteliğin sürekliliğidir, yani tekrarlayacak olmasıdır. Anne-çocuk birebir yakınlığı ***"tekrar buluşmak üzere"*** garantiye alınmış olmalıdır. Çocuğun talebi de esas olarak "*palazlanana kadar*" bakım garantisidir. Bakımın kalitesi kadar, hatta ondan daha da önemlisi sürekliliğidir. Ona, hiç terkedilmeyeceğinin hissettirilmesidir. Oysa anneler sık olarak "Yaramazlık yaparsan seni bırakır giderim" tehditine başvururlar. Bu tehdit, çocuğa asla yapılmamalıdır. Bu gereksiz tehdit, çocuktaki hırçınlığı tırmandırmaktan başka hiç bir işe yaramaz. Anne ile çocuk arasındaki ilişkiyi germekle, çocuğu ve dolayısı ile de anneyi huzursuz eder. Ne yazık ki, ne çocuk bu tehditten aşırı rahatsız olduğunu söyleyebilir, ne de anne çocuğun huzursuzluk sebeplerinden birinin bu tehdit olabileceğini düşünebilir.

Bakımın sürekliliğinden emin olabilmesi için, zamanın iyi geçirilmesinden çok, çocuk gelecekte de zamanın iyi geçirileceğini hissedebilmelidir. Bunun sözlerle soyut olarak değil, **somut** olarak hissettirilmesi önemlidir. Çünkü çocukluk döneminde mantık, soyut algıları kavrayamaz. Çocuğun verilmek istenen mesajı yakalayabilmesi için mesaj somut öğeler içermelidir. Bunun için her fırsat değerlendirilmeli ve tekrar tekrar pekiştirilmelidir. Anne ile çocuk ertesi akşam kaldıkları yerden oyunlarına devam etmek üzere sözleşirken, buluşulacak yer somutlaştırılır. Örneğin, bir sonraki buluşma "masanın yanındaki koltuğun hemen **önünde**" gibi somut olmalıdır. Bir sonraki buluşmada, özellikle yanlışlık yapılmalı ve koltuğun önüne değil de yanına oturup; "Eyvah, koltuğun **önüne değil, yanına** oturmuşuz. Şimdi koltuğumuz üzülmez mi? Görüyor musun bak onun tam **önüne değil de az yan** tarafa oturmuşuz!!!" diyerek somut algı bir de üstelik pekiştirilir. Daha doğrusu somutlaştırılır. Bu gibi mizansenleri yaratmak, amacını bilen bir yetişkin için zor olmaz. Yeter ki, çocuğun hayal gücünün ve soyut değil sadece somut kavramların farkında olduğu bilinsin. Bu örnekteki gibi, burada kurgulanacak olan mizansenin ana teması çocuğun **sürekli** korunup kollanacağının garantisidir. Bu yaş çocuğu soyut algıyı anlamaktan yoksundur. Bu gerçeği bilen yetişkinin gündelik yaşamdaki detayları amacına uygun ve çocuğun algı yeteneği doğrultusunda kullanabilmesi zor olmamalıdır.

Yukarıdaki örnekte olduğu gibi, anne işten gelene kadar, söz konusu olan o koltuk, anne ile birlikte üretilen oyuncak, anne kadar somuttur ve çocukla birlikte kalır. Dolayısı ile, koltuk var oldukça çocuk annenin yokluğunu hissetmez. Çünkü anneyi anımsatan somut bir nesne ile anne objeleştirilerek çocuğun yanında kalmış, ondan ayrılmamış olur. Böylece, çocuğa;

"ANNE GELECEK; SENİ ASLA TERK ETMEZ" mesajı somut olarak aktarılmış olur. Anne işte iken, çocuk anksiyete hissetmez ve uyumlu olarak onu bekler. Annenin yokluğunda çocuk-anne bağının örselenmemesi için, anne ile birlikte dikilen "bebek" örneğinde olduğu gibi **somut** ürünler üretmelidir. Çocuğun yaşının özellikleri bilinirse, anneler kendi yaratıcılıklarını kullanarak sonsuz örnekler üretebilirler. Nitekim örnekteki annenin, beş yaşındaki kızının yaşı gereği sadece **somut** kavramları kavradığını çok iyi bildiği ve ona göre davrandığı açıktır.

 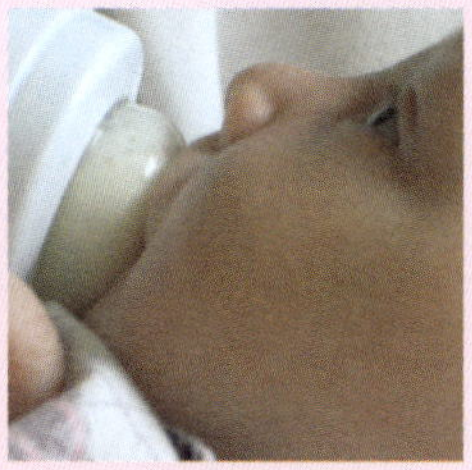  

BÖLÜM I:
İLETİŞİM

Davranışları takip etmek ve yönlendirmek

Diğerlerinin davranışlarını takip ederek, doğru yönlendirebilmek kolay değildir. Başkalarının davranışlarının takip edilmesi doğrudur da, diğerlerinin davranışlarını yönlendirmek doğru değildir. Hiç kimse bir diğerini yönlendirmemelidir. Çocuğun yetiştirilmesi konusuna gelince, doğal olarak gelişmekte olan ve kendi hakkında yeterli görüşü olmayan çocuğun yönlendirilmesinin gereği tartışılabilir. Ancak, burada da yönlendirmenin bir sınırı olduğu unutulmamalıdır. Çocuğun yönlendirilmesinden kasıt, çocuğun kendi yeteneklerini keşfetmesine yardımcı olmak olarak anlaşılmalıdır, çocuğun onun yetişmesinden sorumlu olan yetişkinlerin doğruluğuna inandıkları biçimde davranmaya yönlendirilmesi değil. Çocuğa mevcut seçenekler sunulur ve seçmesine olanak yaratılır. Çocuk içlerinden istediğini seçer. **İstek** yeteneği belirleyen en iyi göstergedir.

İnsanlar dahil tüm canlılar, ihtiyaçları karşılandığı ölçüde huzur içindedirler. Bu huzur onların davranışlarına yansımakla kalmaz, aynı zamanda ulaşabilecekleri kapasitenin en üst seviyesine ulaşabilmelerine de olanak yaratır. Esas olan da budur. İnsanların sorunsuz ve uyumlu birliktelikleri için, karşılıklı ilişkilerinde ortaya çıkan ihtiyaçları karşılanıyor olmalı ve bu birliktelik gerginlik yaratmamalıdır. Çocuğa yaklaşım da bu açıdan değerlendirilmelidir. Bunun için davranışların yakından takip edilmesi şarttır. Karşı taraf ile ilişkide onu gerecek davranışlardan kaçınmak karşı tarafta huzur, aksi halde huzursuzluk yaratır. Bu durumda ikili ilişki olumlu ya da olumsuz olarak yönlenir. Başka bir deyişle, karşılıklı ilişkide davranışların takibi ve yönlendirilmesinden de bu anlaşılmalıdır.

Bu kural, çocuğun yetiştirilmesinde de geçerlidir. Çocuğun davranışları takip edilip, içinde bulunduğu yaşın gereksinimleri karşılanacak biçimde davranılması sonucunda, çocuk gelişmesini en iyi biçimde tamamlar. Bunun sonunda huzurludur. Bir başka deyişle, çocuğun huzuru, ona doğru davranılmakta olunduğunun en iyi göstergesidir. Huzurlu olan, dolayısı ile hastalık halleri dışında doğru yaklaşımlara muhatap olan çocuk, gelişmesini en iyi biçimde tamamlıyor demektir.

Birlikte yaşamak, karşılıklı iletişimi zorunlu kılar. Davranışlar yakından takip edilir ve olumlu olarak yönlendirilirken karşı karşıya gelinir, gerek sözel, gerekse davranışsal iletişim kurulur. Ancak insanın demek istediklerini karşı tarafa iletmesi kolay değildir. Karşı tarafa aktarılan, aktarılmak istenenin çok az bir kısmıdır. Daha kötüsü, insan söylemek istediğinin tamamının karşı tarafça anlaşıldığını varsayar. Karşı taraf ondan talep edildiği doğrultuda davranmayınca da kendisinin, yani dediklerinin (daha doğrusu demek istediklerinin) dikkate alınmadığını sanır. Ancak, denilen hiç anlaşılmamış olabilir. İnsan anlaşılmamış olduğunu genellikle fark etmez. Üstelik anlaşılmamış olma olasılığını bile düşünemez.

Öte yandan, karşı taraf gerçekten diğerini dikkate almamış olabilir. Bu durumda da hemen tavır almak yerine durup üzerinde düşünülmelidir. Kaldı ki, insanın kendine bile söz geçirmesi her zaman mümkün değildir. Hele bu bir çocuk ise o zaman iş daha da karışıktır. Üstelik gerek yetenek, gerekse önceliklerin süratle değişmekte

İletişim engellerinin farkında olmak sadece çocukla iletişim kurmak için değil, diğer yetişkinler arası iletişim için de gereklidir.

olup takibinin bile güç olduğu bu döneme ayak uydurmak dahi başlıbaşına bir çaba gerektirir.

Davranışlara uygun karşılık verebilmek, karşılıklı bir işlemdir. Sözel ve davranışsal iletişim gerektirir. O nedenle, çocuğun kimlik gelişmesindeki içsel dinamikleri incelemeden önce iletişim kurallarına kısaca değinmek yerinde olacaktır. Bu şekilde, özellikle çalışan annelerin çocukla daha kolay ve etkin bir iletişim kurmaları sağlanabilir. Bu onların, kısa sürede kendilerini ifadelerini ve çocuğu anlamalarını kolaylaştıracağından zamanı etkin kullanmalarını sağlayacaktır. İletişim kurmak adına kullanıldıkları halde iletişimi engelleyen bazı davranışlar, ikili ilişkilerde üstelik istenmeyen bir karmaşaya neden olurlar. Diğerini anlamaya çalışan, bizzat kendisi anlaşılamayan olur ve sorun tek taraflı iken iki tarafa da sıçrar. Amaç, çalışan annenin çocuğundan uzak kaldığında duyduğu gerginliği en aza indirmek ise; anne gerek çocuğunun, gerekse çocuğunun çevresindekilerin davranışlarını yönlendirebilmesi konusunda da bilgilendirilmelidir. Bu da ancak iyi bir iletişim ile sağlanabilir. Sonuç olarak, iletişim engellerinin farkında olmak sadece çocuk ile iletişim kurmak için değil, diğer yetişkinler arası iletişim için de gereklidir.

- Çok çalışıyor, çok yoruluyordum. İş yaşamı, ev, çocuklar derken 24 saatlik günün 25 saate çıkması için dua ettiğim oluyordu. Seksen yaşlarındaki annem sık sık benim çok yoruluyor olmama üzüldüğünü söylüyordu. Kendince bana olan sevgi ve ilgisini gösteriyordu. Doğal olarak onun bu kaygısı benim yorgunluğumu almadığı gibi, yorulduğumu tolere ettiğim anlarda da tekrarlandığı için ruhumu sıkıyordu. Bir akşam işimi erkence bitirdim. Üyesi olduğumuz lokale devam eden bir işveren ile ne zamandır görüşme yapmak için fırsat kollamaktaydım. İşte tam fırsattı. Alelacele giyindim. Eşimle 22:00 sularında lokale gittik ve 24:00 gibi döndük.

İletişim kurmak adına kullanıldıkları halde iletişimi engelleyen bazı davranışlar, ikili ilişkilerde üstelik istenmeyen bir karmaşaya neden olurlar.

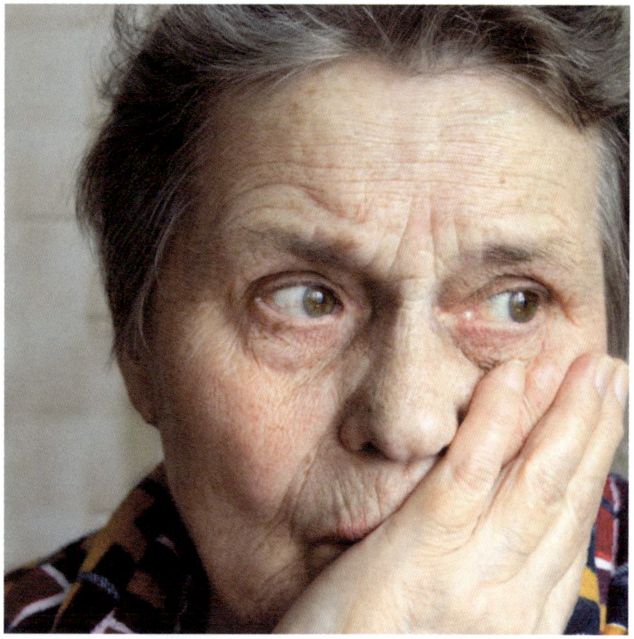

Kaybetme anksiyetesi ileri yaşlarda da görülebilir.

Annem uyumamış bizi beklemişti. "Senin gözlerin niye kırmızı?" diye bana sordu. Gözlerimin kırmızı olmadığını biliyordum. Gecenin bu vakti anneme öyle gelmiştir diye fazla üzerinde durmadan yanıtım "Yorgunluktandır" oldu. Bunun üzerine annem "Ölmek istediğini" söyledi. Anlaşılan canı sıkkındı. Ona bir sütlü kahve yaptım. Reddetti. "Sen benim yerime içmişsin nasılsa" dedi. Meğer mesele buydu. Daha sonra anlaşıldı ki annem o gün televizyonda alkolizm ile ilgili bir program izlemiş. Dışarı çıktığım için oradaki dramı benimle özdeşleştirmiş. Bir iki saatliğine lokale gittiğimde beni tıpkı televizyonda izlediği alkolizm sorunu olan genç kadın ile özdeşleştirmiş. Bütün tavır ve tafrası bundanmış. Doğal olarak, benim bu gerçeği öğrenmem o gece mümkün olamadığı için, tüm gece boyunca sinirlerim boşaldı ve uykum kaçtı. Hem iş, hem dinlenme, hem de eşimle birlikte olma adına ayırdığım 2 saatlik fırsatım annemin gereksiz kaygısı ile bir kabusa dönüştü. O gün bugündür, ne zaman "yorulduğum için üzüldüğünü söylese" hem duymak istemem, hem de bir daha bu üzüntüsünü söylememesi konusunda onu uyarmamak yani kalbini kırmamak için azami gayret sarf ederim.

Bu örnekte, seksen yaşında olmasına rağmen annede halen devam edegelen "kaybetme anksiyetesinin" izleri görülmektedir. Ancak iletişimde bir sorun vardır. Yaşlı annenin karşı tarafın içinde bulunduğu durumu takip edemediği ve sadece kendi duygularının farkında olduğu dolayısı ile iletişimin daha kurulma aşamasında koptuğu anlaşılmaktadır. İletişimdeki kopma tek taraflı olan sorunu diğer tarafa da taşımıştır. Dinlenmek adına ayrılan zaman kabusa dönüşmüş ve davranış geleceğe geçmiştir. Artık diğer taraf annenin kaygısını duymak dahi istememektedir. Sözün özü, iletişim kurma adına iletişim kopmuştur.

İletişim; konuşmak değil, anlamak ve anlatmaktır

İletişimi başlıca iki ana ayrı gruba ayırmakta yarar vardır. Bunlardan ilki basit, yüzeysel iletişimdir. Bununla; ekmek istenir, su istenir, üşüdüm denir, televizyonu açalım denir, tuzu uzatır mısın denir. Kısacası, bunlar genellikle çevresel uyaranların anlık aktarılmasıdır ki, gündelik konuşma dili olarak nitelenebilir. İletişimin ikinci komponenti ki burada esas olarak anlatılmak istenen de odur, gündelik konuşma dilinin dışında içsel uyaranların aktarılmasıdır. Bunun için iletişimin hedefi; karşı tarafın duygu ve düşüncelerini ve özellikle varsa kaygısını **anlamak**, benzer şekilde kendi duygu ve düşüncelerini ve özellikle kaygılarını karşı tarafa **anlatmaktır**. Gündelik konuşma dilinden farklı bir amaca hizmet eden bu iletişime, **içsel sessizliğin sessizliğini bozması** dense, hata yapılmış olmaz.

- Anne-babası boşanma aşamasında idi. Karın ağrısı ve bulantı yakınması ile getirildi. Muayenede bir özellik yoktu. Okul fobisi olan bir çocuk değildi. Başarılı idi ve her zaman okuluna severek gitmişti. O nedenle, sabah bulantıları konusunda özellikle beyinde yalancı tümör olma ihtimalini bir türlü reddedemiyor ve rahatsız oluyordum. Gerekli tahlilleri istedim. Fakat çocuk bir ipucu vererek, tahlile gerek kalmaksızın bu yöndeki kuşkularımın ortadan kalkmasına yardımcı oldu. Bahçede ip atladığını söyledi. Yalancı tümörde bu durum hemen hemen hiç mümkün olamaz, çocuk zıpladıkça ağrı dayanılmaz olurdu. Sabah kusmaları yalancı tümör ile ilgili olamazdı. Kanaatim kesinleşti. Mesele anne-baba arasındaki gerginlikti. Onu karşıma aldım ve anne ile babanın bu durumuna çok üzülüyorsun, dedim.

...

Ne zor olacak senin için kimbilir? Bir onun evinde, bir bunun evinde!

...

Arkadaşların sorsa ne diyeceksin?

...

Ya başkaları ile evlenirlerse!
Evlenemezler çünkü boşanamazlar*... diye patladı.*
Gözlerimi açarak yüzümde soru ve ünlem mimikleri ile yüzüne baktım.
Hastayım numarası yapıyorum ya, beni bu halde bırakamazlar!

Onun içindeki bam teline dokunmakla, içsel sessizliğini bozmuştum. Anne, babası boşandılar. Onun hastalık numarası aramızda sır olarak kaldı.

Sözel ifade yanlış anlaşılmaya çok müsaittir. Bazen ve hatta sıklıkla sözler bireyin iç dünyasını anlatmaya yetmez. Hatta bazen karşısındaki ile iletişimi koparmaya bile neden olabilir. Anlatılanların tümünün karşı tarafça eksiksiz algılanması çoğunlukla mümkün olamaz. Hele bu bir çocuksa, ona kendini anlatmak da, onu anlamak da zordur. Anlatılanların hiç değilse amacına uygun ve yeterli olarak karşı tarafa aktarılması, ancak iletişimin etkili biçimde yapılması ile sağlanır. İletişimin etkinliği; anlatılanların karşı tarafça anlaşılabilirliğinin oranı ile ölçülür. Bunun için aktarılmak istenen niyet ve amacın sınırları belirlenmeli ve anlaşılmışlık teyid edilmelidir. Bu bir tekniktir.

İletişimin bir teknik olduğu kabul edilmeli ve öğrenilmelidir. Teknik kurallar ile kurgulanmış bir konuşmanın samimiyetten uzaklaşacağı tartışılabilir. Ancak, özellikle karşı tarafı anlamak ve kendini anlatmaya yönelik iletişimin rastgele olması halinde yanlış anlatmak ve anlaşılmak sonucu ortaya çıkan kargaşanın gündelik yaşamda ne kadar sıkıntı yaratmakta olduğu düşünülür ise bu tekniğin öğrenilmesinin gereği anlaşılır. Amaç; anlamak ve anlatmak olunca, isterse teknik kullanılarak elde edilmiş olsun, anlamaya çalışmak niyetini öne koymuş olmakla, zaten samimiyet baştan teyid edilmiş demektir.

İletişimin bir teknik olduğu kabul edilmeli ve öğrenilmelidir.

Çalışan anne, sadece çocuğu ile değil, çocuğunu emanet ettiği yetişkinler ile de iletişim sorunu yaşar

Çalışan annenin, sadece çocuğu ile değil, onu teslim ettikleri ile de etkili bir iletişim içinde olması gerekir. Çalışan bir annenin, her an çocuğunun yanında olması mümkün değildir. Çocuğunu bir başkasına emanet etmek durumundadır. Dolayısı ile çocuğuna bakmakla yükümlü kişi ile bir diyaloğa girmesi kaçınılmazdır.

Bu kişi kendi öz annesi olsa bile, anne çocuğunu emanet ederken tedirgindir. Kendi öz annesinin güvenilirliğinden emin olsa, bu sefer annesinin günün çocuk yetiştirme trendinin gerisinde kalmış olacağı kaygısını hisseder. Arkadaşlarından duyduğu yeni görüşleri, annesine aktarmakta sıkıntı yaşar.

Öte yandan, çocuğun ruh sağlığı kadar, beden sağlığı da önemlidir. Hele ilk yıllar çocuk mikroplara açıktır. Bu nedenle, çocuğun bakımında hijyen şartlarına dikkat etmek gerekir. Çalışan anne bu ve benzer konularda da tedirgindir. Çocuğuna bakan kişinin temizlik konusundaki tutumunu yeterli bulmayabilir ya da yeterli olduğunu görse bile kendisinin yokluğunda kendisine gösterilen tutumun devam ediyor olduğundan emin olamaz. Çocuğa bakan kişiyi bu konuda eğitme, onu uyarma, onu uzaktan kontrol etme çabası içine girer. Tüm bunlar gizli kameralar ile kontrol edilebilecek olaylar değildir. Kameranın yakaladığı olumsuzluk zaten gerçekleşmiştir ve geriye dönülemez. En iyisi çocuğa bakan kişiye, annenin kaygılarının karşı tarafın anlayacağı ve tepki göstermeyeceği biçimde aktarılmasıdır.

Ayrıca, çocuğa bakan kişiyi, çocuğa karşı tavır almaya itici herhangi bir tutuma girmesine engel olmaya çalışılmalı ve olumsuz davrananışların ortaya çıkmasına neden olabilecek duygu ve düşüncelerin doğmasına fırsat verilmemelidir. Tüm bunlar, annenin yeterli bir iletişim kurması ile mümkün olabilir. Patron tavrı ile verilen tüm ültimatomlar, bakıcının tepkisine yol açabilir. Alttan alarak yaklaşmak, karşı tarafın "bildiğini okumasına" neden olabilir. En iyi şekilde yetiştirilmek istenen bebek, en çok zarar gören olur. Esasında çocuk kendi genlerinin elverdiği ölçüde olağanüstü bir gelişme potansiyeli barındırır. En iyiye ulaşmak, öncelikle bu potansiyeli örselememektir. Daha iyisi için çaba sarf etmekten çok, önce zarar vememek için çaba sarf etmek daha doğru bir yaklaşımdır. Bu da, yine onun emanet edildikleri ile iyi bir iletişim kurmakla mümkündür. Kısacası çalışan anne, sadece çocuğu ile değil, onu teslim edeceği kişiler ile de, ki bu annesi kadar yakını olsa bile, iletişim sıkıntısı yaşar.

Anne, kendini çocuğunu teslim ettiği bireyin yerine koymalıdır

Bebeğini teslim etmeden önce anneyi, bebeğe bakanın safına geçirmek gerekir. Ona, karşı tarafın gözlüklerinden bakabilmeyi sağlamak yerinde bir ilk adım olur. Daha doğrusu, annenin öncelikle anlaması gereken, bebeğin onun bebeği olduğu ve sırf bu yüzden önemli olduğudur. Örneğin bir başkasının bebeği, anne için önemli değildir. Hatta öyle olur ki, kendi bebeği ile yaşıt bebeklerde, kendi bebeğine göre üstün taraflar varsa, anne söz konusu bebeğe karşı kıskançlık gibi olumsuz duygular dahi besleyebilir. Çünkü onun için en önemlisi kendi bebeğidir.

Burada annenin diğerlerine değil de, kendininkine önem vermekte olduğu, dolayısı ile bunun adil bir duygu ve düşünce olmadığı tartışması yapılmamaktadır. Annenin bu tutumu eleştirilemez. Kendi bebeği, annenin kalıtsal materyaline sahip olan canlıdır. Dolayısı ile anne için çok önemlidir, en önemlidir, en çok önemlidir. Bu o anne için tartışmasız bir gerçektir. Öyle olmasa, anne çocuğuna bakamaz. Bu gerçek eleştirilemez, tartışılamaz.

Öte yandan, bebek teslim edildiği bakıcının kalıtsal materyalini taşımamaktadır. O nedenle, teslim edilen için sıradan bir bebektir. Onun için bir iştir, bir kazanç kapısıdır. Kısacası, anne dışındaki herhangi biri için, bir bebeğin sorumluluğunu almak çok zordur. Hiç kimse bebeğe annenin bakış açısı ile bakamaz. Anne de zaten bunun böyle olduğunu içgüdüsel olarak hissetmektedir. O nedenle, annenin çocuğunu emanet ettiği kişiden emin olmak istemesi doğaldır. Ancak, çocuğunu emanet ettiği kişiye de, önemli bir sorumluluk yüklemekte olduğunun bilincinde olmalıdır. Bunu anlayabilmesi için annenin, bir başkasının çocuğunun sorumluluğunu bizzat kendisinin alıp alamayacağını düşünmesi yeterlidir.

Bebeğin sorumluluğunu almak, onu sahiplenmeyi gerektirir

Bebeğin anneanne ya da babaanne gibi kan bağı olan bir yakına teslim edilmesi halinde, iş değişir. Burada, bebek teslim edilenin genetik materyalini taşımakta olduğundan, emniyet konusunda bir kaygıya gerek yoktur. Kaygı olsa olsa, bu kişilerin ileri bir yaşta olmalarından ortaya çıkabilecek olumsuzluklardan kaynaklanabilir. Bu kez, anneyi bekleyen sorun daha çok karşı tarafın bebeği anneden çok sahiplenmesi olabilir. Anne, bebeğini yetiştirme konusunda kendi istediği ya da doktorunun önerdiği veya okuyup uygulamak istediği hiçbir şeyi uygulayamamaktan yakınmaya başlar. Aile büyükleri kendi yöntemlerinden taviz vermezler. Annenin yine bebeğini teslim ettiği tarafın gözleri ile duruma bakması gerekir. Öncelikle anlaşılması gereken, yardıma muhtaç bir canlıya bakmak için, öncelikle onu sahiplenmenin gerektiğidir. Ancak, bu konuda anneler genellikle aklın yolu ile değil, yüreklerinin sesi ile hareket eder ve çocuklarını kimse ile paylaşmak istemezler. Üstelik onu başkalarının sahiplenmesine de izin vermezler. Çocuğa aile büyüklerinin bakıyor olması halinde bile, çocuğun davranışlarına, eğitimine karışılması halinde tepkili davranırlar. Oysa bir çocuğa bakabilmenin ön koşulu, onu sahiplenmektir.

Sahiplenme duygusundan yoksun bir bakım, istenen bakım olamaz. Saat dolduğunda sonlanan sıradan bir iş olur. Annenin yapması gereken, çocuğuna bakan kişinin, çocuğu sahiplenmesini sağlamaktır. Çocuk ile ona bakan kişi arasında böyle duygu yüklü bir bağın oluşması için gayret sarf etmektir. Aile büyüklerinin bebeği sahiplenmesi zaten doğal bir olgudur. Anne buna itiraz etmemelidir. Aile dışından birinin bebeğe bakıyor olması halinde de karşı tarafta benzer bir duygunun oluşması için çaba sarf etmelidir. Bunun için sık sık sözel pekiştireçlere başvurmalı, karşı tarafın davranışlarını bu yönde ödüllendirmelidir.

Bu senin kızın Fatma Teyzesi
Kızın sana öpücük veriyor Fatma Teyzesi
Sen bunun ikinci annesisin
Senin elinden ne güzel yemek yiyor Fatma Teyzesi

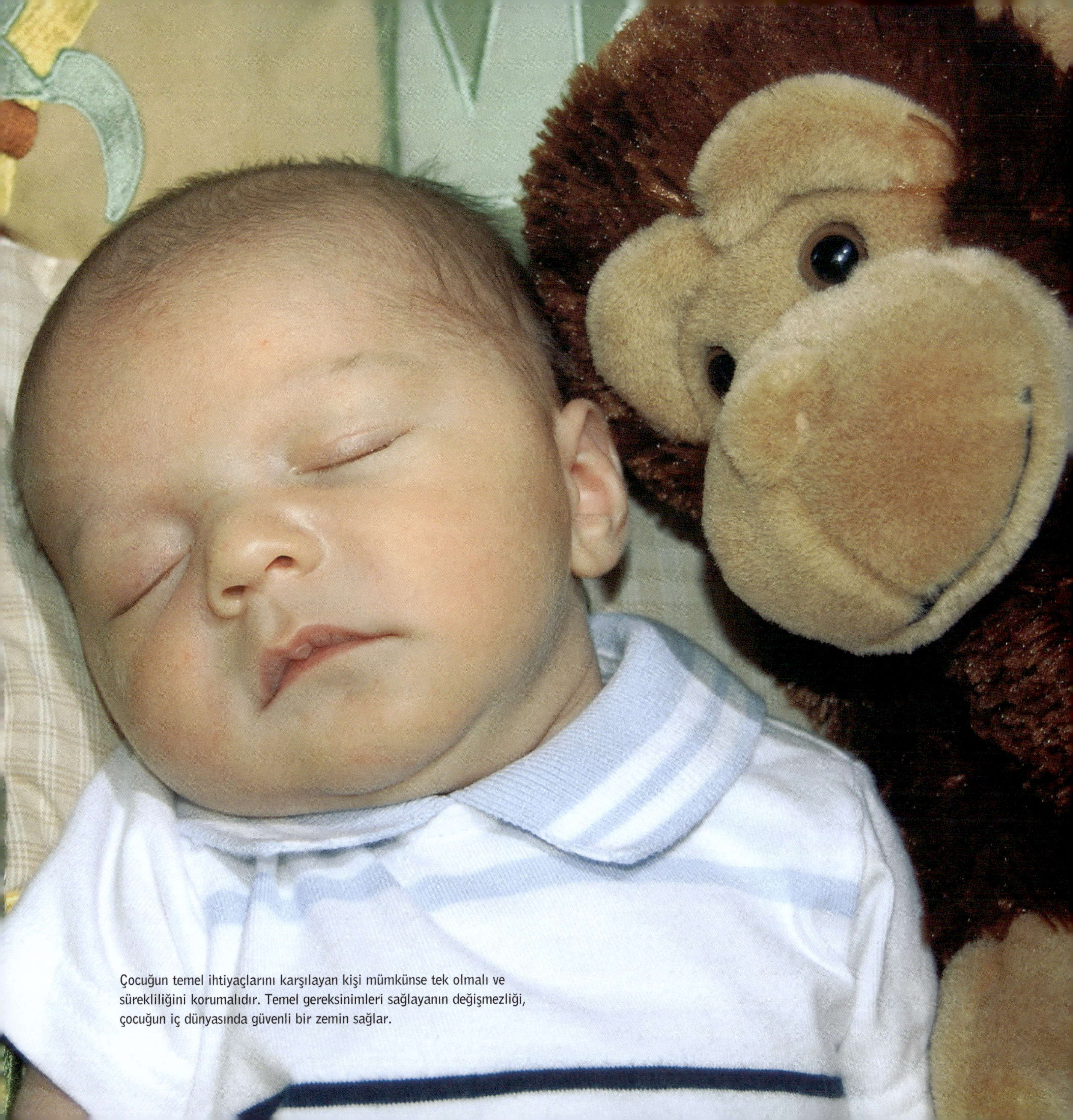

Çocuğun temel ihtiyaçlarını karşılayan kişi mümkünse tek olmalı ve sürekliliğini korumalıdır. Temel gereksinimleri sağlayanın değişmezliği, çocuğun iç dünyasında güvenli bir zemin sağlar.

Aile büyükleri çocuğun terbiyesini bozmaz

Aile büyüklerinin bebeği sahiplenmeleri annenin bebeği ile olan ilişkisine olumsuz yansımaz. Çünkü bebek annesi, babası, ona bakanlar, diğerleri ile olan ilişkilerini tek tek ve ayrı ayrı sınıflandırır. Bebeğin beyni; anne böyle davranır, babaanne öyle davranır olarak davranışları kaydeder. Davranışların kaydedilmesinde esas olan davranışın hemen akabinde ortaya çıkan olgudur. Yani, bebeğin bir davranışından sonra anne olumsuz, babaanne olumlu bir tepki veriyor ise, bunun annenin bebeği ile olan ilişkisini zedeleyici bir yönü yoktur. Belli davranışından sonra annesi olumsuz davranıyor ise bebek bu olumsuzluk ile karşılaşmamak için o davranışı annesinin varlığında tekrarlamaz. Babaannesi aynı davranıştan sonra olumlu davranıyorsa, bebek babaannesinin varlığında söz konusu davranışı tekrarlar. Her ikisinin de varlığında bebeğin davranışını babaanneden beklediği olumlu davranış belirler ve bebek davranışı tekrarlar. Ancak annenin tepkisi şiddetli ve babaannenin davranışındaki ödül niteliği zayıf ise bebek davranışı tekrarlamaz. Ya da bebek annesinden beklentilerini bulamıyor dolayısı ile anneyi taciz etmeyi hedefliyor ise, babaannenin davranışındaki ödül niteliği çok zayıf, annenin davranışındaki olumsuzluk öğesi ağır da olsa bebek davranışı tekrarlar. Bebeğin davranışını belirleyen ortamdaki birden fazla faktörün bileşkesidir. Bir davranışın ortaya çıkmasının belirleyen en önemli faktör bu bileşkedeki tutarlılıktır. Annenin dikkat etmesi gereken en önemli nokta, bebeğe yönelik davranışlarında tutarlı olmaktır. O nedenle, belli davranış sonrası annenin ya da diğerlerinin birbirlerinden bağımsız davranıyor olmaları bebeğin yetişmesini olumsuz etkilemez. Yeter ki herkes kendi içinde tutarlı olsun.

Burada esas olan, bebeğin bir tarafın farklı tutumundan dolayı annenin rahatsız olduğunu fark etmesidir. Annesi ile olan iletişimi olumsuz giderse, bebek anneyi taciz etmek için bu ve benzeri anneyi rahatsız eden tüm davranışlarını tekrarlamaya yönelebilir. Annesinin karşı durduğu fakat diğerlerinin onayladığı davranışları tekrarlayarak anneyi taciz eder. Davranışbilimde bu rövanş alma davranışıdır ve davranışın görülme sıklığını arttırıcı etkisinden dolayı davranışın ödülü özelliğindedir. Burada yapılması gereken; annenin istemediği davranışı aile büyüğü onaylıyor ise, bu davranışa aile büyüğünün yanında onay vermektir.

Anneye gelince, hatalı olarak bebeğin onaylamadığı davranışını onaylayanı hedef alır. Oysa hedef alınması gereken davranışı ortaya çıkaran çocuğa ait nedendir. Kaldı ki bu örnekte çocuğun annenin istemediği davranışını ortaya çıkaran, annenin davranış varlığında gösterdiği rahatsızlık ve huzursuzluktur. Yani, bu örnekte anne diğerlerinin değil, bilakis kendi tutumunu gözden geçirmeli, davranış varlığında gösterdiği tepkiye son vermelidir. Sonuç olarak; istenmeyen davranışın sadece annenin varlığında ortaya çıkıyor olması halinde, anne mutlaka çocuk ile olan ilişkisini gözden geçirmelidir. Çünkü taciz davranışlarının altında mutlaka talep edilen bir ihtiyaç vardır.

Davranış duyguları yansıtır. Duygular anlaşılırsa, davranışın dili çözülür

Davranışlar, bazı şartların bir araya gelmesiyle ortaya çıkan sonuçlardır.

İletişimin de, çocuğu anlamanın da püf noktası, bir davranışın hangi hallerde ortaya çıktığını anlamaktır. Davranışı bizzat bebek keşfedemez. Başka bir deyişle, herhangi bir davranışın ilk kez bir bireyde ortaya çıkıyor olması mümkün değildir. Oysa aileler için çocukları çok özeldir. Onun davranışlarını sanki başka bir çocuk yapmazmış gibi izlemekten adeta keyif alırlar. Bu öyle bir hal alır ki, aile kendini çocuğa kaptırır. Olumlu ya da olumsuz davranışları ayırt edemez olur. Nasılsa çocuktur, büyüyünce değişir düşüncesi hakim olur. Giderek, "Çocuk ne yapıyorsa doğrudur. Davranış çocuğun kimliği kişiliği ile ilgilidir. O halde bir nedeni yoktur." mantığı yerleşir. Oysa davranışlar, tıpkı ateş, öksürük, ishal gibi bazı şartların bir araya gelmesi ile birlikte ortaya çıkan sonuçlardır. Mesele, davranışın ortaya çıkmasını hazırlayan şartları anlamak ve herhangi bir hastalık belirtisi varlığında gereğini yapmak durumunda olduğu gibi, o davranışı ortaya çıkaran şartları irdelemektir. Fakat pratikte bu böyle olmaz. Sıklıkla, davranışa anında karşı davranış üretilir. Yani, irdelemeye vakit kalmadan tepkisel bir yaklaşımda bulunulur. Doğal olarak, gündelik olağan iletişimde durup düşünülecek ve iredelenecek bir durum yoktur. Tuz istenirse uzatılır, üşüdüm diyene hırkası verilir, gibi... Ancak, duygu ve düşüncelerin yoğunlaştığı durumlarda, özellikle ruhsal bir sıkıntı ve kaygı varlığında karşı davranışta bulunmadan önce karşı tarafın içsel dinamikleri konusunda durup bir düşünmek ve ona göre davranmak zorunludur. Aksi halde, karşılıklı olumsuz davranışlar artarak kontrolden çıkar.

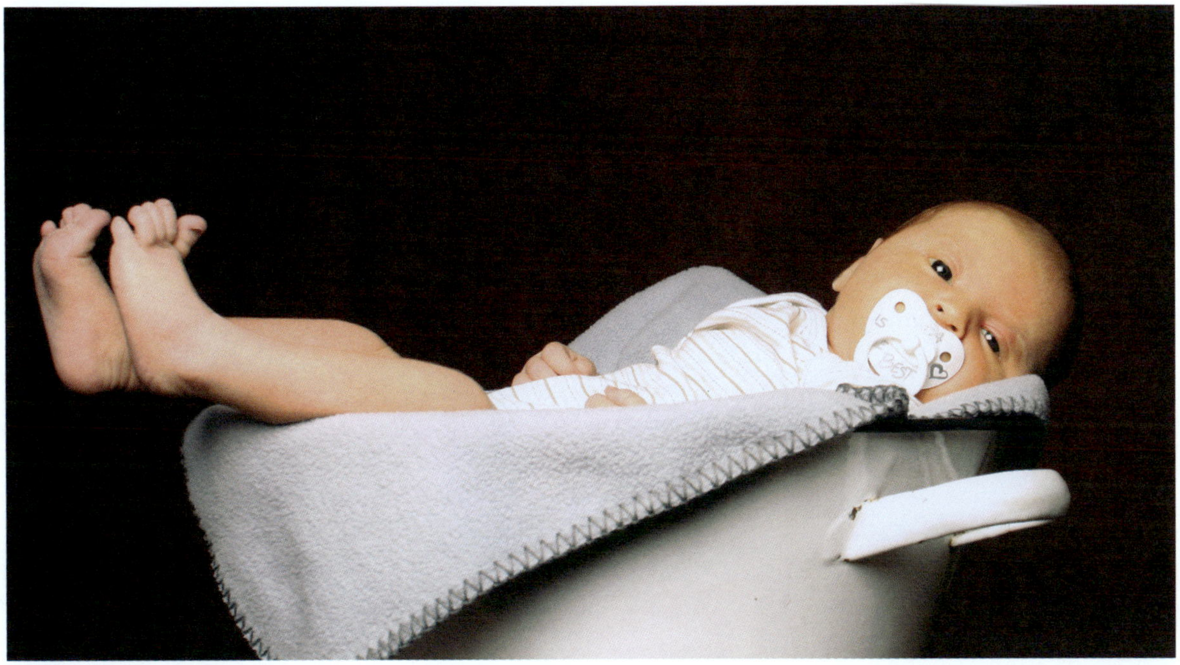

Çocuğa bakanı değiştirmek, onun olumsuz davranışlarını değiştirmekten daha kolaydır. Ancak, zor olan yapılmalıdır

Sonuç olarak; davranışların bir dili vardır ve istenirse çözülür. Çalışan annenin bu dili çözmesi için çok neden vardır. Herşeyden önce, çocuğunu teslim edeceği bireylerin davranışlarını çözmesi şarttır. Çünkü davranışları değiştirmek, bakıcıyı değiştirmekten daha zor, ancak olması gerekendir. Bunun çok önemli iki sebebi vardır: Bunlardan ilki, her bakıcının mutlaka değiştirilmesi gereken bir yönü olacağıdır. O nedenle, eldeki kuş çalıdakinden daha emindir. Hiç değilse onun sorunu keşfedilmiştir. Yeni gelenin hangi sorunla geleceği de bilinmeyendir.

- Benim güleryüzlü Sabahat'im diye hitab etti yıllarca somurtkan gelinine. Sonunda gelin Sabahat gerçekten güleryüzlü oldu. Onun bu yıllar süren kendi içinde tutarlı hitabında, gelininin somurtkan hali ile alay etmek değil, gerçekten ona yardımcı olmak duygusu hakimdi.

İlk üç yaşta çocuğa bakan yüz değişmemelidir

İkinci nedene gelince: Çocuğun bakıma muhtaç olduğu kritik yaşlarında, yani anneye bağlanma mekanizmalarının kurgulanmakta olduğu özellikle yaşamın ilk üç yılında, ona bakan yüzün sürekliliği önemlidir. Bu yüz değişmez olmalıdır. Önemli olan, çocuğun karnının doyup, altının temizlenmesi ve uyutulması değil, bu yaşın temel ihtiyaçları olan bu gereksinimlerin nasıl yapıldığıdır. Öncelikle çocuğun temel ihtiyaçlarını karşılayan yüz mümkünse tek olmalı ve sürekliliği korunmalıdır. Temel gereksinimlerini sağlayanın değişmezliği, çocuğun iç dünyasında güvenli, yani emin bir zemin sağlar. Hızlı bir gelişme gösteren beynin gelişebilmesinin temelinde de esas olarak böyle emin bir zeminin varlığı şarttır. Lisan ve zihinsel gelişim de dahil bu dönemin öğrenme sistemleri emin zeminde gelişebilir. Tıpkı sınav heyecanı ile bildiklerini unutmak olayında olduğu gibi, çocuk öz varlığının devamlılığından kaygı duyduğu sürece, söz konusu öğrenme mekanizmaları da gelişemez. Hatta stres varlığında konuşmaya başlamış olsa bile, çocuk içe kapanır, adına bakmaz olur, konuşması durur ve hatta geriler.

Yukarıda sıralanan nedenlerden dolayı, özellikle üç yaşından küçük çocuğu olan anne, duygusal değil, bilinçli davranmalıdır. Çevresindekilerle iyi bir iletişim kurabilmek, bugün artık kuralları, püf noktaları belirlenmiş bir teknik ve hatta bir sanattır. En iyi kameradan daha iyi kontrol sağlar. Kamera olumsuzlukları yakalar ve yakaladığında olumsuzluk çoktan meydana gelmiştir. Oysa iyi bir iletişim tekniği ile çevredekileri yönlendirmek ve muhtemel olumsuzlukları önceden engellemek mümkündür.

Susmak, sorunu ertelemektir

Duygu ve düşüncelerin kelimelere dökülememesinin nedeni, onların bazılarının ütopik, bazılarının uçuk, bazılarının toplum tarafından kabul görmeyeceği korkusu olabilir. Kabul görmeyeceği endişesi taşıyan cinsel tercihler varlığında da konuşmalar ve itiraflar ertelenir. Zaman içinde değişen inançlar da aşılması zor bir iletişim ve konuşma engeli oluştururlar. Konuşmamak o an için bir patlamayı önler. Sabır sanılır. Çözümmüş gibi görünür. Oysa bilinçaltında birikir. Başka detaylarla birleşerek önlenemez büyük patlamalara yol açar. Baskıcı bir tutum izleyen bir ailede yetişen kişi, ailesinde edindiği kendini ifade güçlüğünü ilerideki yaşamına da taşır.

Gençliğinde günlüğü en iyi dert ortağı idi. Oysa o, annesi ile dertleşebilmeyi çok isterdi. Tek bir arkadaşı ile dertleşir olmuştu. Oysa o, eşi ile dertleşebilmeyi çok isterdi. Çocuğu ile konuşmaları da çok sığ idi. Oysa o, çocuğu ile arkadaş olabilmeyi çok isterdi. İstemek ile oldurmak arasındaki engeli anlayamadan ve anlaşılamadan terki diyar etti.

Duygu ve düşüncelerin açıklıkla dile getirilebilmesi önemlidir.

Evlenmeye karar vermişlerdi. Taraflardan biri diğerinin sigara içmesine karşı çıktı. Diğer taraf bu konuda konuşmamayı tercih etti.
Sigaraya karşı olan taraf bu sessizliği
"Nasıl olsa bana aşık. Bu aşk ona sigarayı bıraktırır" şeklin*de algıladı.*
Oysa diğer taraf ;
"Nasıl olsa birgün sigaramı kabul eder. Hatta o da benimle birlikte içer" diye düşündü. *Sessizlik sorunu o an çözmüş gibi göründü. Ancak onların sigara üstüne kavgaları hiç bitmedi.*

Dinlemek, karşıdakini konuşturmaktır

Karşı taraf konuşmaz, konuşturulur. İyi bir iletişim için kendini ifade etmek yetersizdir. Aynı zamanda, karşıdakinin de ne demek istediğini anlamak gerekir. İletişimsizliğin sorumlusu, genellikle konuşmayan değil, konuşturmayandır. İletişim çok konuşmak değil, aynı zamanda karşı tarafı dinlemek ve anlattıklarını doğru yorumlamaktır. Esasında, karşı tarafı susturmanın en kolay yolu onu dinlememektir. Dinlenmediğini fark etmek, bazı durumlarda dinlemeyenle ömür boyu iletişimi kesmeye neden olur.

Veli toplantısının hangi gün olacağını biliyordum da, hangi saatte olacağını bilmiyordum. Kızımdan toplantı saatini öğrenmesini istedim. Onun bana söylediği saatte gidip toplantının çoktan bitmiş olduğunu anladığımda, adeta başımdan aşağı kaynar sular döküldü. Mutlaka öğrenmemi istemediği bir durum vardı ki, basit bir numara ile toplantıya gitmemi engellemişti. Yağdım, gürledim. Beni, toplantıya gitmeyen ilgisiz bir veli durumuna düşürdüğü yetmiyormuş gibi onun her ne ise öğrenmemi engellemeye çalıştığı sorununu bilmeyen umarsız bir veli durumuna da düşürmüştü.

Ona olan güvenim sarsılmıştı. Ya hemen bana, toplantıya gitmemi engellemesine neden olan olayı söyleyecek, ya hemen söyleyecekti. Ancak bu şekilde ona olan güvenim yerine gelecekti.(Ne demekse!)
Kıyamet kopuyor, çocuktan çıt çıkmıyordu. Evet, evet... İşte bu sukuttu ve sukut ikrardan gelirdi. Daha da çok sesimi yükseltiyordum. "Annecim, özür dilerim. İşte şu sebepten gitmenizi istemedim." dese, hemen susacaktım. Heyhat! Çocuktan çıt çıkmıyordu. O sustukça, ben nasıl susacağımı bilemiyordum.

Bir hışım okula gittim ve bütün öğretmenleri ile konuştum. Başarılı idi ve görünürde okulla ilgili hiçbir sorunu yoktu. Ne yapacağımı, nasıl davranacağımı bilemez ve için için utanç ve merakla karışık bir duygu içinde günler ve uykusuz geceler geçirdim. Sonunda dayanamadım ve onu karşıma aldım;
-O gün, neden hep sustun?
-Sen çok bağırıyordun.
-Sen sustukça, ben senin suçlu olduğunu düşündüm.
-Ben toplantı saatini öğrenmek için birkaç kere müdür yardımcısının odasına gittim. Odada yoktu. Sen çok ısrar edince kafadan bir saat söyledim. Yoksa gelmene engel olmak istememiştim.
-Neden bunu, ben o gün sana bağırıp çağırırken söylemedin.
- ...
-Neden hep sustun.
-...
- Sen o kadar sinirliydin, o kadar bağırıyordun ki, konuşabilmem imkansızdı.
Aradan bunca zaman geçti, ben hala bu konuda vicdanımı aklayamadım.

Konuşturmak istenen kişiyi aşağılayan tavır onu susturur. Amaç karşı tarafı konuşturmak ise; onun duygularını anlamaya çalışan anlayışlı ve her olumsuzluğu kabule hazır geniş bir bakış açısı ile yaklaşılmalıdır.

İletişim için, karşı tarafın olumlu davranışları sık sık taltif edilmelidir. Gündelik yaşamdaki sıcak bir selam, ya da küçük bir sevgi sözcüğü gibi olumlu her davranış, her fırsatta onurlandırılarak teşvik edilmelidir ki, gerektiğinde karşı tarafın sıkıntılarını dile getirmesine fırsat tanıyan güvenilir bir zemin oluşsun.

Konuşmak bazen susturur

Lisan iyi bir iletişim aracıdır. Kişi, karşı taraf daha sözünü bitirmeden; onunkinden daha önemli olduğunu vurgulayarak kendi duygu ve düşüncelerinden söz eder, bu da yetmez, kendini eksik ve yanlış ifade ederse, üstelik karşısındakini de eksik ve yanlış anlarsa, lisan iletişim yerine, iletişimsizlik aracı olur. Sonuç olarak, sürekli karşı taraftan bir şeyler talep etmek, emir vermek, öğüt vermek iletişimi engeller.

Lisan tek iletişim aracı değildir. Duygu ve düşünceler, beden dili ile de ifade edilir.

Lisan iyi ki tek iletişim aracı değildir. Duygu ve düşünceler, beden dili ile de ifade edilir. Lisanın yetmediği yerde ve hatta daha sık olarak, duyguların yansıdığı davranışlardan yararlanılır. Kişinin mimiklerinde saklı olan duyguları kelimelerle ifade yeteneği ne kadar iyi ise başkalarının duygu ve düşüncelerini anlama yeteneği de o kadar iyidir. Başkalarının duygularını anlayabilme yeteneği istenirse artırabilir. Bunun için, karşı tarafı ses tonu ve mimikleri ile birlikte dikkatle izleyerek dinlemek gerekir. Davranışların koşulsuz ve yorumsuz kabul edileceğinin güvencesi de ayrıca karşı tarafa hissettirilmelidir. Yorum ve koşullara başvurmadan önce karşı tarafın bunları kabul ve isteğinin varlığından emin olunmalıdır.

İletişim engelleri

1) Yorum yapmak
2) Eleştirmek
3) Suçlamak
4) Geçmişi hatırlamak
5) Öğüt vermek
6) Emir vermek
7) Gözdağı vermek
8) Kıyaslamak
9) Soru sormak

1) Yorum yapmayın

- Sizin yatağınızda uyuyacağım!
- Senin inatçılığından bıktım.

Çocuğun anne-babasının yatağında uyuma isteği yorumlanıyor. Yani, bu talebine benzer daha pek çok taleplerinin artık bıktırdığı ifade ediliyor. Yorum; karşı tarafın duygu ve düşüncesini anlamadan, onun davranışını bir nedene bağlamaktır. Burada en vahimi, yorumda kendi yaşam tecrübesi ile sınırlı bir tutum sergilemektir. Karşı taraf anlaşılmadığını baştan fark eder. Çünkü yorum, yorumu yapana aittir. Karşı tarafın kendine ait bir ihtiyacı ve o ihtiyacın karşılanmasına yönelik bir talebi vardır. Söz konusu ihtiyacı karşılanmadığı sürece hiçbir öneriyi duymayacak ve kabul etmeyecektir.

Yorumların sürekliliği halinde ise, suya sabuna dokunmayan iletişimin dışında, duygu ve düşüncelere yönelik gerçek anlamdaki iletişim tamamen kesilir. Şüphesiz ki, karşılıklı iletişimde yorum da yapılacaktır, yapılmalıdır. Ancak yorum; karşıdakini iyice dinledikten, onu yeterince anladığına kanaat getirdikten sonra, karşıdakinin sıkıntılarını çözmeye yönelik ise anlamlı olur ve karşı tarafça kabul görür.

2) Eleştirmeyin

- Sizin yatağınızda uyuyacağım!
- Yaramaz çocuklar, anne babalarının yatağında uyumak isterler.

Burada, çocuk eleştiriliyor. Eleştirmek, karşıdakini anlamadan, onun iç dünyasında olup bitenin farkında olmadan yapılıyorsa, karşı tarafça kabul görmez. Karşı taraf, bu eleştiriye kulak asmadan, bildiği gibi davranmaya devam eder. Anne; çocuğun yaramaz çocuk olmamak için onların yatağında uyumak istemeyeceğini sanıyor. Çocuğun onların yatağında uyuma isteği öyle büyük ki, yaramaz çocuk olmak ona vız gelecektir. Üstelik onu dinlemeden eleştirenle de iletişimini kesecektir.

Annelerinin yatağında uyumak isteyen çocuklar gerçekten yaramaz olsalar bile, bu bir genellemedir. Çocuğun anne- babasının yatağında uyuma sebebi bu genellemeye ait değilse, o bu eleştiriyi doğal olarak kabul etmeyecek ve kendini yaramaz çocuk olma genellemesinin dışında tutacaktır. Kaldı ki, insanlar hayatlarının hiçbir döneminde genellemelere kulak asmazlar. Öyle olsaydı, "Sigara içenlerin şu kadarı akciğer kanserinden ölüyor!" diyen istatistikler bir işe yarardı.

3) Suçlamayın

- Sizin yatağınızda uyuyacağım!
- Annelerin yatağında uyumak ayıptır.

Suçlayarak yaptırılmak istenen şey asla karşı taraf tarafından yerine getirilmez. Başka bir deyişle bir şeyi yaptırmak için suçlama bir yöntem değildir. Suçlama, karşı tarafın suçlu olduğunu anlaması için yapılmış başlı başına bir eylemdir. Karşı tarafın haklı çıktığı suçlamalar ciddi boyutta ters teper ve suçlayanı güç durumda bırakır. Suçundan emin olunmuş ise, şüphesiz ki o kişiye suçlu olduğu bildirilmelidir. Suçlamanın tek amacı da bu olmalıdır.

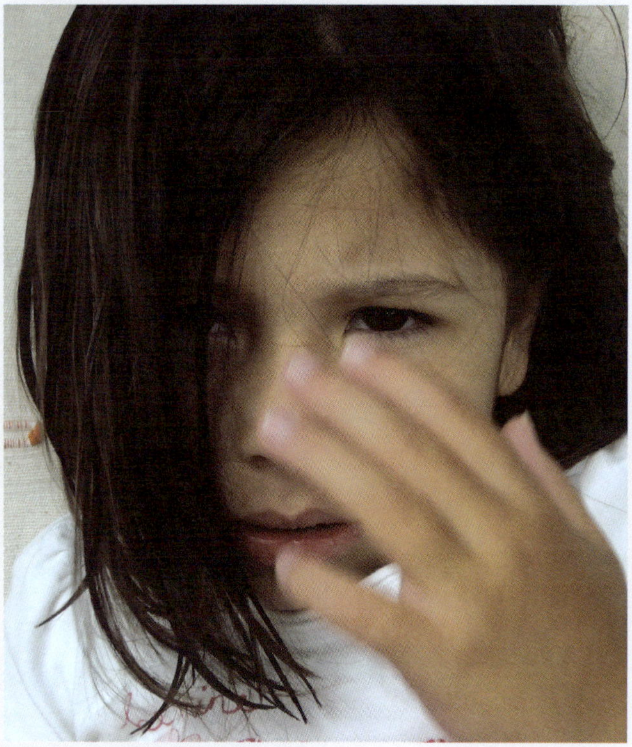

4) Eskileri hatırlatmayın

- Sizin yatağınızda uyuyacağım!
- Ehh ama... Her istediğin olsun istiyorsun.

Davranışlar o anki tepkilerden etkilenirler. Geçmişin izleri ve gelecek beklentilerin davranışlar üzerinde şüphesiz ki etkisi vardır. Ancak, bu düz mantıkla anlaşılacak biçimde değildir. Örneğin, "Uslu durursan **yarın** sana şeker alacağım" vaadindeki yarının olmasını beklemenin etkisi, uslu duran çocuğa **hemen o an** verilen şekerin etkisi kadar güçlü olamaz. Davranışın hemen akabinde karşılaşılan durumun davranışın gelecekte de ortaya çıkışını belirlemesine bir başka örnek verilecek olursa; ağlayan çocuğu susturma çabalarından söz edilebilir. Susturma çabası, ağlama davranışının hemen akabinde olduğu için, çocuk her ağladığında benzer şekilde susturulacağına hükmeder. Susturma çabası ile ağlama davranışı ödüllendirilmiş ve geleceğe taşınmış olur. Bu durumda çocuk, istediğini elde etmek için ağlama davranışının gerektiğini davranış repertuarına alır ve her yaptırmak istediğinden önce ağlamayı benimser.

Bir davranışın ortaya çıkması için uzun vadeli gelecek işe yaramayacağı gibi geçmiş hiç yaramaz. Şüphesiz ki çocuk her istediğini elde etmesinin mümkün olmadığını da öğrenecektir. Ama bu, "Sen de her istediğin olsun istiyorsun" diyerek onun geçmiş davranışları suçlayarak olmaz. Ona "Her istediğini yaptırıyor olmasının" hatırlatılması, olsa olsa "Kaşık ile verdiğini sapıyla çıkarmaktan" başka bir şey değildir. Onun için yapılanlar geri istenecekse, hiç yapılmaması daha doğrudur. Davranışların, sözlerden değil hemen akabinde ortaya çıkan olaylardan etkilendiği iyi özümsenirse, karşı tarafın davranışları istenilen biçimde yönlendirilebilir. Geçmiş davranışlar eleştirilerek diğerinin davranışı yönlendirilemez.

5) Öğüt vermeyin

- Sizin yatağınızda uyuyacağım!
- Kendi yatağında uyursan büyürsün.

Öğütler genellemedir. Oysa karşı tarafın bir talebi var ise bu talep genel değil onun için özeldir. Sorun anlaşılmaya çalışılmalıdır. Bazen öğütteki genelleme, onun sorunu ile birebir örtüşürse, ancak öğüt bir işe yarayabilir. Öğüt ile kişinin sorununun örtüşme ihtimali oldukça zayıftır. En iyisi, önce sorunun ne olduğunun anlaşılmasıdır. Sorun çözülmeye çalışılmalıdır. Sorun ile örtüşen öğüt, atasözü vs gibi öğeler sadece arkadan ve konuyu pekiştirici olarak kullanılmalıdır.

6) Emir vermeyin

- Sizin yatağınızda uyuyacağım!
- Derhal yatağına dedim.

Davranışları emirler asla yönlendiremez. Olsa olsa rövanş alma duygusu doğururlar. Davranışları akabinde karşılaşılan durumlar belirler. Bir davranıştan sonra ortaya çıkan olumlu bir durum o davranışın tekrarlanmasına, olumsuz bir durum ise o davranışın sönmesine neden olur. Başka bir deyişle; davranışları sözler değil, hemen akabinde yaşanan olaylar yönlendirir. Davranışlar emir vererek değil, serbest bırakılarak yönlendirilir. Çünkü emirler karşıdakinin duygularına yer vermez. Dolayısıyla iletişim engeli olmaktan öteye gidemezler.

Şüphesiz ki, sözel iletişimde emir vermek de olacaktır. Ancak, emir vermek sadece emir vermeyi gerektiren durumlarda kullanılmalıdır. Davranışları yönlendirmede, duygu ve düşünceleri paylaşmada emirlerin yeri yoktur. Verilen emir yerine getirildiğinde karşı tarafın davranışı ödülleniyor, başka bir deyişle, bu emri yerine getiren kişi maddi ya da manevi bir kazanç elde ediyorsa, emrin gereğini yapar. Aksi halde, emirlerin yerine getirilme şansı çok düşüktür. Bu kitabın içeriğinde de "yapınız yapmayınızlarla" bir dolu emir ve öğüt verilmektedir. Önce, bu emir ya da öğütlerden bazıları yerine getirilir. Yerine getiren amacına ulaşıyor ise, bu emirleri yerine getirmeye devam eder. Aksi halde, kitabı da, verdiği emirleri de terk eder. Kısacası, bir emir ya da öğüdün yerine getirilmesinin koşulu, o emri ya da öğüdü yerine getirmenin sağladığı maddi ya da manevi kazançtır. Davranış bilimindeki adı ile ödüldür.

Annenin "Derhal yatağına" derken ses tonundan korkan çocuk yatağına giderse, çocuğun davranışı ödüllendirilmiş olmaz. Korku belasına çocuğu yatağa sokan da gerçek anlamda başarılı olmaz. Çünkü çocuk emrin üzerinde bıraktığı korkunun rövanşını almak için mutlaka pusuya yatacaktır. Bunun acısını birgün mutlaka çıkartacaktır. Çıkartılmak üzere şuur altına atılan her olumsuz duygu iletişim kopukluğuna zemin hazırlayacaktır.

7) Gözdağı vermeyin

- Sizin yatağınızda uyuyacağım!
- Yarın seni öğretmenine şikayet edeyim de gör!

Bu davranış ile onun hem ebeveynine, hem de öğretmenine olan güveni tehlikeye atılmış olur. Üstelik bir işe de yaramaz. O yine aynı talebini tekrarlamaya devam eder. Öğretmen korkusu varsa, belki şimdilik onu kendi yatağında yatırırsınız, ama gelecekte onu kendine güveni sarsılmış, pısırık biri olmasına sebep olursunuz. Üstelik sizin yatağınızda yatma arzusunun nedenini de hiç bir zaman anlayamaz, ona yardımcı olamazsınız.

8) Kendinizle kıyaslamayın

- Sizin yatağınızda uyuyacağım!
- Ben senin kadarken tek başıma, hem de damda yatardım.

Tercümesi: *"Ben bunları aşmışım oğlum. Seninle uğraşamam. Ben uyuyayım da sen n'aparsan yap."* Sizinle olan iletişimi, sizin onunla olan bu iletişiminiz kadar olur. Bundan kesinlikle emin olabilirsiniz. Kısacası, kıyaslanmak, iletişimi ortadan kaldırır.

9) Soru sormayın

- Sizin yatağınızda uyuyacağım!
- Neden?

Buraya kadar, iyi bir iletişim için karşı tarafın duygu ve düşüncelerinin anlaşılması üzerinde duruldu. Çocuğunun kendilerinin yanında yatmak istemesinin gerçek nedenini anlamak isteyen ve bu nedenle "Neden?" diye soran bu annenin davranışı da iletişim engeli ise, karşı tarafın duygu ve düşünceleri daha nasıl anlaşılacaktır?

Evet, soru sormak da bir iletişim engelidir!!! Çocuk annelerinin yanında yatmak istemesinin nedenini bilse sorununa kendi çözüm üretir. Neden araştırılır ama sorunlu olan tarafa sorarak değil!

Soru sormak iletişim engelidir. Çünkü iyi bir iletişim için, karşı tarafın içinde bulunduğu durumun anlaşıldığının ona hissettirilmesi şarttır. Soru sormak, soruyu soranın duygularına tercüman olur, karşı tarafın duygularına değil. Soru soran merak içindedir. Ancak sıkıntıda olan taraf için soruyu soranın hiç bir hali önemli değildir. Çünkü kendisi sıkıntıdadır. Sıkıntısına çözüm aramaktadır. Onun içinde bulunduğu durum yardım beklediği tarafta merak ya da başkaca bir sıkıntı yaratıyorsa, bu onun için sadece bir hayal kırıklığı yaratır. Çünkü yardım istediği taraf da sıkıntıdadır. Demek ki kendisine yardım edemeyecektir.

Üstelik kendisinin gerçek duygu ve düşüncelerini soru sorarak anlamaya çalışıyorsa, zaten onu anlamamış olduğunu peşinen kabul etmiş olmaktadır. Oysa onun tek istediği anlaşılmış olmaktır. Bir bunu hissetse, derdini anlatmaya devam eder. Ancak kendilerini anlayan dostlara dertler açılır. Bu dostların dedikleri can kulağı ile dinlenir. Candan dostların arasına farkında olmadan giren iletişim engelleri, tarafları birbirinden uzaklaştırır. "Ben seninle arkadaş olmak istiyorum" arzusu ile taraflar arasında duygu düşünce tasa ve korkuların paylaşılması için yeterli güveni sağlamaz. Gerçek iletişim, sabır, tutarlılık ve zamana ihtiyaç duyar.

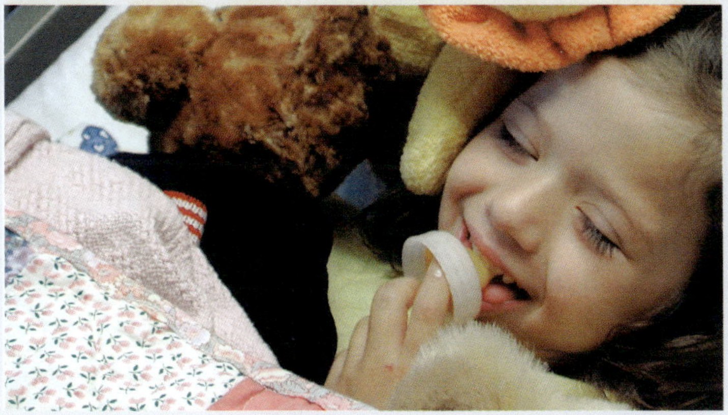

Doğru iletişim için, duygu yükünün kimde olduğunu belirleyin

İletişim, her iki taraf için de duygu ve düşüncelerin farkındalığı sağlıyor ise iletişimdir. Başkalarının iç dünyasını keşfetmek insana yeni bakış açıları kazandırırken, kendini iç dünyasını paylaşmak rahatlatıcıdır. Sevinçlerin de, kederlerin de paylaşılması bu şekilde mümkündür. Paylaşmanın ilk adımında ise öncelikle duygu ya da düşünce yükünün hangi tarafta olduğunun farkındalığı vardır. Duygu ve düşüncenin olduğu taraf dinlenir, yani o tarafın konuşmasına fırsat verilir. Konuşamıyor ise konuşturulur.

Duygu yükü karşı tarafta ise; onun duygularına ayna tutun

1) Onun duygularını sözlere döküp tekrar ona yansıtın

- *Sizin yatağınızda uyuyacağım!*
- *Bizim yatağımızda uyumak istiyorsun demek.*
(Onun düşüncesi tıpkı bir ayna gibi yorum yapılmadan aynen ona yansıtıldı.)
- *Evet.*
(Demek ki, ona yansıtılanın onun gerçek düşüncesi olduğu teyid edildi.)
- *Benim oğlum annesinin yatağında uyumayı seviyor.*
(Bu isteğinin altında yattığı tahmin edilen duygu da ona yansıtıldı.)
- *Hayır korkuyorum.*
(Onun bu isteğinin altındaki gerçek duyguyu karşı taraf doğru tahmin edemedi. Ancak, ilk yaklaşımı ile çocukta güven oluşturduğu için, çocuk konuşmaya devam ediyor. Aksi halde konuşmayı keser devam etmezdi.)
- *Benim oğlum korkuyor.*

(Karşı tarafın gerçek duygusunun anlaşıldığı gene yorum yapılmaksızın teyid edildi.)
- *Odamın duvarının köşesinden yılanlar çıkıyor.*
(Çocuk anlaşıldığından emin, güven içinde konuşmaya devam ediyor.)
- *Karanlık olunca çıkıyorlar, öyle mi?*
(Onun anlaşılmakta olduğu tekrarlandı.)
- *Evet.*
(Çocuk anlaşıldığından emin.)
- *Gel bu gece bizimle yat. Yarın seninle birlikte çarşıya gider, sana güzel bir gece lambası alırız.*

Anne çocuğu dinledi. Onun duygularını aynen ona yansıttı. Kendi duygularını annesinin sözlerinde aynen duyan çocuk annesi tarafından anlaşıldığına ikna oldu. Annesine güvendi ve konuştu. Anne onun duygularının gerçek nedenini öğrendi. Dolayısı ile soruna çözüm de üretecektir. Üretemese bile, çocuk annesi tarafından anlaşılmakta olduğunu hissetti. Bir sonraki sorununu yine annesi ile paylaşacaktır.

2) Seçim hakkı verin

- Sizin yatağınızda uyuyacağım!
- Üçümüz bizim yatağa sığmıyoruz. Senin yatağına da sığmıyoruz. Yeni bir çözüm bulana kadar bizim yatakta yatman imkansız. Ama hala bizim yatakta yatmak istersen, sana bir ceza verebilirim. İstersen cezanı da söyleyeyim. Yarın sana dondurma almam.

Burada çocuğun ısrarlı tutumu karşısında annenin bir çözüm üretememiş olduğu anlaşılıyor. Ceza yöntemine başvurması doğru. En iyi ceza sahip olduklarından mahrum bırakmaktır. Anne de öyle yapıyor. Öte yandan, cezayı doğrudan uygulamak yerine, çocuğun bizzat kendisinin doğru davranış yerine, cezayı tercih ettiğini kavraması için ona son bir seçim hakkı bırakıyor. Ceza doğrudan anne tarafından verilse, çocuk annesini suçlayacak ve onun bu davranışı için annesinden rövanş almaya kalkacaktır. Bir başka deyişle, çocuğu anneyi taciz eden bir davranışa yöneltmek sureti ile olumsuz bir davranışın tekrarlanarak artmasına neden olacaktır. Yani, anne doğrudan ceza verdiğinde farkında olmadan çocuğun olumsuz bir davranışını ödüllendirmiş olacaktır. Oysa anne cezayı doğrudan seçmemiş, çocuğa doğru davranışı seçmezse, ödülü bizzat kendisinin seçmekte olduğunu hatırlatmıştır. Çocuk ısrarında devam ederse, cezayı kendisi seçmiş olacak. Böylece anneye karşı ileriye dönük bir rövanş alma hissi duymayacaktır.

3) Konuşturun

- Sekiz yaşındaki oğlum 2 yıldır hafta sonları yüzmeye gidiyordu. Spor yaparak deşarj oluyordu. Biz de, o da bu durumdan hoşnuttuk. Fakat son üç aydır çeşitli bahanelerle yüzmeye gitmeyi reddediyordu. Nedenini sorduğumda yanıt alamıyordum.

Bu arada onun okulunda düzenlenen "İletişim tekniği" adlı kursa katılmaya başladım. Kursun daha ilk haftasında öğrendiklerimi bana sıkıntı yaratan bu konuda kullanmayı denedim.

*Kursta ilk olarak "**Soru sormayın**" kuralını öğrenmiştik. Oysa ben üç aydır oğluma,*
"Neden yüzmeye gitmiyorsun ?" diye soru soruyordum. O sabah yine yüzmeye gitmemek için bahanelere başladığında, ilk kez soru ile değil, kursta öğrendiğim gibi,

- Yüzmeye gitmek istemiyorsun, diye söze başladım. Başını kaldırıp, iri iri açtığı gözleriyle yüzüme baktı. Daha ilk cümlenin farkını farketmişçesine beliren bu ifade beni ürpertti. Kursta öğretilen, basitmiş gibi görülen bu bilgiler bu kadar mı etkiliydi? Neyse canım! Belki de ben öyle hissetmiştim.
- ...
Bak işte yine susuyordu. Kurs bile bu çocukta işe yaramıyordu. Yine de kursta öğrendiklerimi uygulamaya devam ettim.
- Evde kalmayı tercih ediyorsun.
- Evet...
*Tanrım 3 aydır susan çocuk ilk kez bu konu ile ilgili bir yanıt vermişti. Heyecandan üçüncü cümleyi bulamadım. Böyle olunca kursta öğretildiği gibi "**Karşınızdakine konuşması için süre tanıyınız**" öğüdüne uyup mutfağa gittim. İki - üç dakika sonra peşimden geldi.*
- Gitmiyorum, çünkü yüzme öğretmeni beni üzdü.
- Yüzme öğretmeni benim oğlumu üzmüş, dedim.
- Evet. Hani 23 Nisan'da 15 dakika geç gitmiştik ya. Geç kaldığım için beni 10 kez fazladan yüzdürdü. Yorulduğumu söyleyince,"Sen adam olmazsın" diye bir 10 kez daha fazladan yüzdürdü.
Aman Tanrım. Üç aydır ağzından bir tek kelime alamadığım çocuğum konuşmuştu. Hem de ne kolay! Peki, ikinci adımım ne olacaktı?
Sonraki adımların ne olacağını öğrenebilmek için kursa en erken gelen öğrenci hep ben oldum.

Konuşmayı teşvik etmenin "Hadi konuş. Bak ben senin arkadaşınım. Bana herşeyi anlat." demekle olmayacağı buraya kadar anlatılanlardan açıkça anlaşılmaktadır. Karşı tarafın sorununu hemen çözmek gibi bir telaşa kapılmak da yanlış ve gereksizdir. Konuşarak rahatlaması bile çoğu kez yeterlidir. Sorunların çözümü, genellikle sorun sahibi tarafından gerçekleşir. Önemli olan, bireyin kendi sorununu dile getirerek, yüksek sesle sorununun farkına varabilmesidir. Çocuk için yetişkin yardımı çözüm üretmede gerekebilir. Ancak, her zaman her soruna çözüm üretmek mümkün olmayabilir. Herşeyden önce içten ve samimi yaklaşım şarttır.

Civcivi öldü. Üzgün değil, şaşkın ve ürkekti. Onun bu tavrını yadırgamış ama bir anlam da verememiştim.
- Ölüler bizi görür mü?
Ne diyeceğimi bilemedim.
- Kem, küm...
- Civcivlere ateş düşürücü şurup içirilir mi?
Bu konuşmanın mana ve ehemmiyeti hakkında küçük bir ipucu lütfen, Tanrım? Laf nereye gidiyor, bileyim ki ben de ona göre yanıt vereyim.
- Kem, küm...

Birkaç gün sonra.
- Bir kedi alalım mı?
Kediye inanılmaz bir ihtimam gösteriyor olması göz yaşartıcı idi. Garip sorular, civciv ve kedinin ne anlama geldiği tarafımdan hala gizemini koruyordu. Hiç değilse kızımın iç dünyasında bir düğümün varlığını, şimdilik çözemesem bile sezebiliyordum. Bu da bir şeydi, sabırlı olursam çözebilirdim.
Bir gün doktorundayken;
- Bu mikroskopta baksak anlar mıyız?
- Ne anlamak istediğine bağlı.
- Civcivimin neden öldüğünü...
- Civcivinin neden öldüğünü çok merak ediyorsun!
- Onu bahçeye gömdük.
- Gömmeseydiniz onunla oynamaya devam ederdin.
- Civciv kakasını yese ne olur?
- Civciv kendi kakasını yemez.
- Evet ben yedirdim. Ateş düşürücü şurubumla karıştırdım.
- Pek sevmemiştir.
- Yemeyince ben de ayağımla ittim.
- Sendeleyip düşmüştür.
- Bir daha kalkmadı.
Civcivi öldürdüğüne inanıyordu. Bu düşünce onu yoruyordu. Uykuları da bölünmeye başlamıştı. Kediye çok iyi bakarak adeta kendini sınıyordu. Anne ile bu minval diyaloglara devam etme kararı aldık. Civcivi gerçekten öldürmek mi istemişti onu bilemiyoruz, ama biz onu civcivin ne yiyip ne yemiyeceğini araştırmış olduğuna inandırdık. Bir de hikaye uydurduk. Kedi ara sıra civcivle buluşuyor ve G'nin ona ne kadar iyi baktığından civcive söz ediyordu.

Duygu yükü sizde ise; aynayı duygularınıza çevirin, yani duygu ve düşüncelerinizi net ve anlaşılır biçimde ifade edin!

1) Duygu ve düşüncenizi belirtin

Sadece karşı tarafı dinlemek iletişim değildir. İletişim, adından da anlaşılacağı üzere, duygu düşüncelerin karşılıklı alış-verişidir. Özünde, anlamak ve anlatmak vardır. Kişi kendini yetersiz ifade ederse yetersiz ve hatta yanlış anlaşılır.

- **Seni seviyorum.**

2) Duygu ve düşüncenizin sınırlarını belirtin

Duygu ve düşünceler anlık, geçmişle ilgili ya da tüm zamanlar için geçerli olabilirler. Gerek zaman, gerekse içerik açısından duygu ve düşünceler net olarak karşı tarafa aktarılmalıdır. İçinizden gelenin çerçevesini belirleyin. Bu, anlamı daraltmaz, pekiştirir ve yanlış anlaşılmaları önler.

- Seni, **güleryüzlü olduğun için** seviyorum.

3) Karşı tarafın vicdanına ulaşın

Karşınızdakini konuşmanızla etkilemek, onun davranışlarını yönlendirmek gibi bir amacınız varsa, mutlaka sözleriniz onun duygu ve düşüncelerine de yer versin. Söylemek istediğinizin bir ucu karşı tarafa dokunsun.

- Seni, güleryüzlü olduğun için seviyorum. **Bu, bana yaşam sevinci veriyor.**

Aynı olay üç farklı tarz

Bir

- Finallerin var!!! Sen gece yarılarına kadar bilgisayar oyunları oynuyorsun!!!
- ...
- Saat 02.00 oldu sen hala bilgisayarın başındasın. Hangi kafa ile yarın okula gideceksin?
- ...
- Saat 03.00 olmuş. Sen hala uyumamışsın. Şimdi disketlerini de, bilgisayarını da camdan fırlatacağım, göreceksin!

Bu saldırılar bir işe yaramadığı gibi rövanşı da ileride mutlaka alınacaktır.

İki

- Sınıfta kalacaksın, yaz tatilin berbat olacak.
- ...
Kendinizi yetersiz ifade ediyorsunuz. Ayrıca kötü haber tellallığı yapıyorsunuz. Sınıfta kalmadığını düşünün, bir sonraki hayat dersinizi de dinlemeyecektir. Siz de zaten "sen sınıfta kal, yeter ki ben haklı çıkayım demek istemiyorsunuz." Ancak, bu cümlenizi onun böyle algılamayacağından emin olabilir misiz?

Üç

- Koçum ben sana hiç karışmam biliyorsun! Sana güvenirim. Senin gibi hem sporda, hem de derslerinde başarılı bir çocuğa ders çalış demek bile gereksiz. Ama aslanım, yine de şu onbeş gün, biraz daha az bilgisayara takılsan da, uykunu alsan diye düşünüyorum.
- Tamam babacım.
(Bir saat sonra telefon çalar)
- N'aber oğlum? N'assın? Ha... Evet, evet, internetim kapalı. Yok abi, ben finaller sonuna kadar pek ortalıkta görünmeyeceğim.

Siz de görüyorsunuz ki, şimdi oldu.

Bir başka olay, üç farklı yaklaşım

Bir

- Siz zaten hep böylesiniz! Laf anlamazsınız! Size kaçıncı defadır terliklerinizi buraya çıkarmayın diyorum!

Eskileri karıştırıyor, suçluyor bir de gözdağı yüklü bir emir veriyorsunuz. Terliklerin sizin istemediğiniz biçimde aynı yerde çıkarılmasını garantiye almakta olduğunuzdan emin olabilirsiniz. Üstelik, bu saldırıdan sonra karşı tarafın atağına da hazır olun. Onlar size sizin gibi saldırmayacaklar, fakat sizinle arkadaş olmayarak bu davranışınızı size ödeteceklerdir.

İki

- Terliklerinizi buraya bırakmanızdan bıktım!

Kendinizi onlara anlatmaya çalışıyorsunuz. Ancak yeterince açık değilsiniz. Onlardan ne beklediğiniz net değil.

Üç

- Terliklerinizi yerine koymuyorsunuz. Onları yerleştirirken zaman kaybediyorum. Yapacağım işleri yetiştiremeyince, size sıcak bir anne olamıyorum.

Bu ifade tarzında, onların sizi rahatsız eden davranışı belli. Bu davranışlarının sonucu belli. Üstelik topu onların vicdanına atmışsınız. Sizi anlayacaklardır.

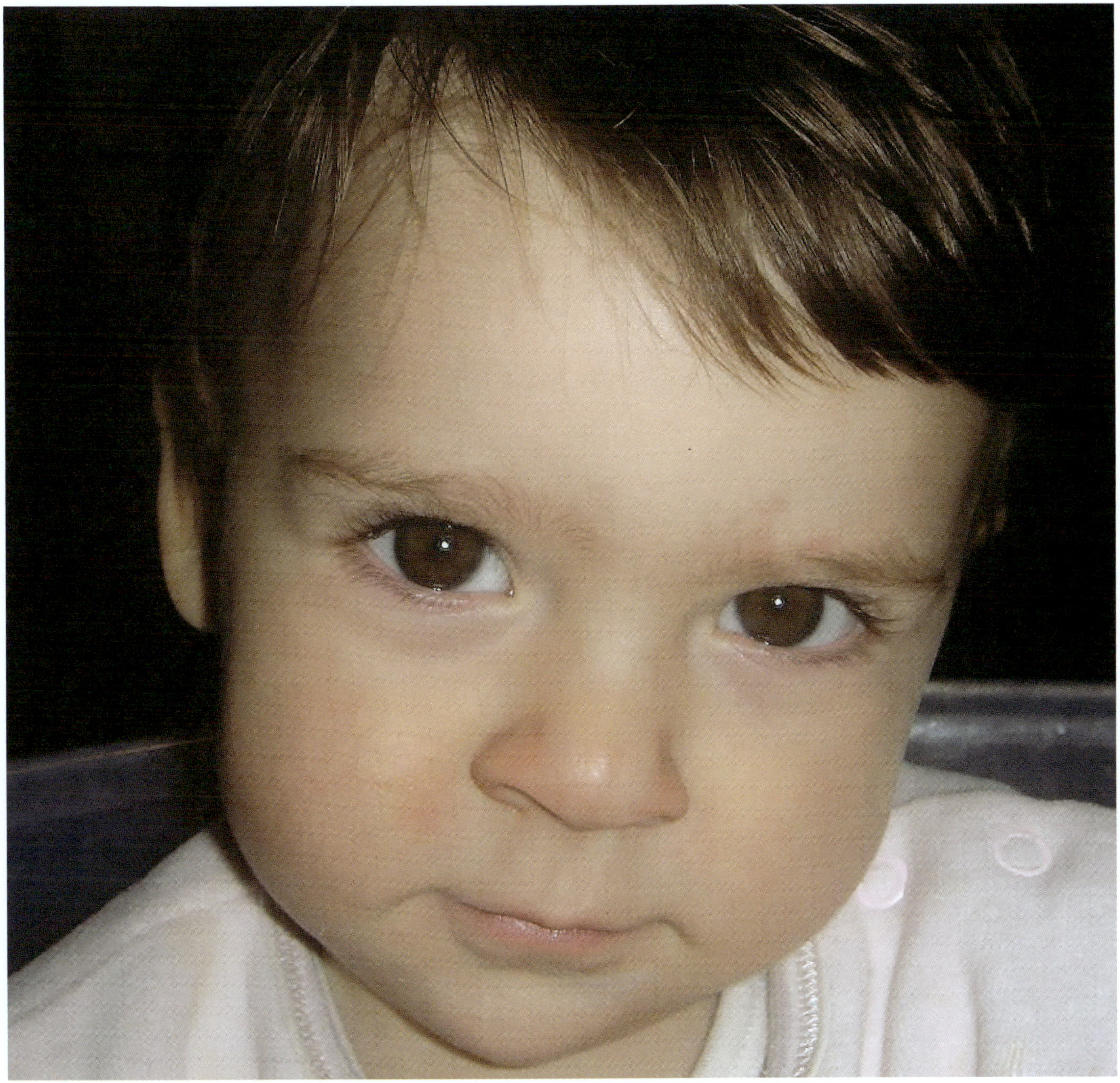

BÖLÜM II:
ÇOCUK DAVRANIŞLARININ ANLAMI

Çocuk yetiştirmek, kimlik gelişimi bilindiğinde hem çok kolay, hem de çok zevklidir.

Anneye bağlanma: "Annemin kucağından almayın!"

Birinci ayın sonunda, bebek annesini, sesi ve kokusu ile ayırt etmeye başlar. Bu ayda bebek, annesinin gözlerinin içine bakar, huzurlu olduğunu "agu"larla, sıkıntısını ağlayarak ifade eder. Anne memesini emerken uykuya dalan bir bebek, etrafına keyifli bir huzur aktarır. İşte böyle bir sahnede, soyut zannedilen **anne-çocuk bağı** somutlaşır, adeta görünür olur.

- Annesinin kucağına gidince susuyor. Annesi kapıdan çıkar çıkmaz ağlamaya başlıyor.

Çocuk, giderek çevrenin kendinden farklı olduğunu algılamaya başlar. Ancak, annesinin yeri, çevredeki diğer objelerden farklıdır. Yaşamın özellikle ilk üç yılında anne ona aittir. Onunla özdeştir. Anne ondan ayrı değil, her ikisi adeta bir bütündür. Anneden ayrılınca ağlar. Anne sıvışarak ortamdan ayrılsa dahi, o bunu fark eder. Bu durum, çocukla annesi arasında ultrasonik bir iletişim olduğu yolundaki iddiaları doğrular. Bu, bağımlılık değildir, olması gereken bağlanmadır. Kardeşler arası yaş farkı üç yıldan ne kadar az ise; annenin bağlanmayı sağlaması o kadar güç olur. Erkek çocukların anneye bağlanmaları kız çocuklarınınkinden daha çabuk zedelenir. Başka bir deyişle, bağlanma gerçekleşemediğinde; erkek çocuk, kız çocuktan daha fazla olumsuz etkilenir.

"Bu çocuk sanki senin işten geliş saatini biliyor. Sen gelmeden yarım saat önce sokak kapısının arkasında beklemeye başlıyor" diyordu 10 aylık A'nın anneannesi işten dönen kızına.

Çocuk bakıma ihtiyacı olduğunda anneye, oyuna ihtiyacı olduğunda babaya yöneleceğini çabuk kavrar. Bu nedenle, işten geldiğinde annenin: "Biraz da sen ilgilen" şeklinde babadan yardım talep etmesi, çocuğun anneye bağlanmasını olumsuz etkiler. O nedenle, çalışan eşine yardıma gönüllü olan baba, çocuk bakımına değil, ev işlerine katkıda bulunmalıdır.

İlk yıl mutlaka emmeli

İlk birbuçuk yılın sonuna kadar olan dönem ağız dönemidir. Çocuğun haz alanı ağız ve çevresidir. Bu dönemde beslenebilmek yaşamsal önem taşır. Beslenmenin garantiye alınması için, haz alanı ağıza yerleşmiştir. Bu dönemin sonuna kadar çocuk ne bulursa emer. Emmesi teşvik edilerek (anne sütü yoksa yalancı emzik verilerek) bu dönem doyurulmalıdır. Bu şekilde kendine ve başkalarına güvenen, iyimser, geleceğe umutla bakan, almak kadar kıskanmadan vermeyi de bilen bir kişiliğin temeli atılır.

- İşe başlamak zorunda idim. Ancak sütüm boldu. Bebeğim benden ayrıldığında doğal olarak sütüm kesilecekti. Sütüm kesilse de bebeğimin emme içgüdüsü yarım kalmamalıydı. Ona emzik aldım. Fakat bebeğim emziği reddetti. Yeni bir tane daha denedim, onu da reddetti. Sonunda bir eczaneye gittik ve ayakkabı seçer gibi oğlumuzun tercihi olan emziği bulduk.

Bu aile, çocuğa seveceği bir emzik bulabilmek için bir çaba göstermekte yani, emmesini teşvik etmektedir. Annesini emen çocuk, yalancı emzik almak istemez. Ailenin çok güzel ifade ettiği gibi adeta "ayakkabı beğendirir gibi" bebeğe emzik beğendirme süreçleri yaşanabilir. Çünkü hiçbir emzik ona anne memesinin verdiği hazzı veremez. Bu yaşananlar bu yaşta hazzın ağız bölgesinde olduğunun da kanıtı olduğu gibi, aynı zamanda anne ya da besleyenin bu dönem çocuğu için önemini gösterir. O nedenle, anne işe başlamadan önce, çocuğun seveceği emziği bulmak yararlıdır. Aksi halde, annesi işe başlayan çocukta, emme dönemi örselenir. Çocuk parmağını emmeye başlar. Yetişkinlerin bu gerçeği dikkate alarak davranmaları, onu emziğinden koparmaya çalışmak gibi, doğanın tersine davranmamaları önerilir.

- Emziği artık aramaz olmuştu. Bir gün "At o kaka şeyi ağzından!" diyecek oldu birisi. Ağzında bir emzik, her iki elinde birer emzik, ceplerinde üçer beşer emzik ile dolaşır oldu.

Bu döneme damgasını vuran emme olgusu en küçük olumsuz bir imalı söz ile örselenebilir. Çocuk emziğine "kaka" diyeni adeta cezalandırmaktadır. Şimdi anneye düşen, bu hatayı gidermek için, çocuğa istemediği kadar bir dolu emzik almaktır. Bunun ağız döneminin tamamlanmasına katkısı olur. Ayrıca, bir daha onun emziğine karışılmamasını da sağlamalıdır.

- Beş yaşına geldi hala uykuda başparmağını emiyor. Parmağı inceldi, artık.

Emmesine daha doğrusu ağız döneminin tamamlanmasına izin verilmez ise, olay böyle uzar gider. Sorun sadece parmağın incelmesi de değil, önemli bir dönemin tamamlanamadan diğer gelişme dönemlerine sarkmış olmasıdır. Bu incelmiş parmaktan daha ciddi bir sorundur.

Sütten kesme...

Annesini emmeye devam eden çocuk zorla memeden kesilmemelidir. Bu durum; hüzün, nostalji ve baba ocağına aşırı bağımlı bir kişiliğin gelişmesine yol açar. Karamsar, öz güveni olmayan, kendini beğenmiş bir kişiliğe ve hatta takıntı nörozlarına neden olur. Bu nedenle, işe başlama döneminde çalışan anneyi bekleyen bir diğer önemli sorun, çocuğun memeden kesilmesi olacaktır.

Her ne kadar anne, çocuğun beslenme saatlerinde sütünü sağıp çocuğa verebilirse de bu, ev şartlarında bebeği ile beraber olan anneninki kadar verimli olmaz ve sütün kesilmesine yol açar. İş yeri eve yakınsa, süt işyerinde sağılarak ya da eve gidip bebeği emzirerek bu süre kısmen uzatılabilir ise de, yine de evde olmanın rahatlığında olmaz. Rahatlıktan öte bebek beklemeyi bilemediği alt ben dönemindedir. Annenin eve gelip onu beslemesine fırsat vermez ve acıktığı an beslenmek ister. Bu süreyi uzatmak için, anne iş yerinde sütünü sağmak durumunda kalıyorsa, bunu mümkün mertebe çocuğunun acıkma saatine uygun yapmaya özen göstermelidir. Böylece, aralarındaki kronolojik bağı hiç değilse bu şekilde korumaya muvaffak olabilir. Annenin emzirmek için eve gelmesinin mümkün olduğu hallerde, çocuk mümkün olduğu kadar beslenmeden, annesinin gelmesi için yapay mama verilmeden bekletilmelidir. Ancak, bu dönemde bebeğin ihtiyaçları bekletilemez, anında karşılanmalıdır. Anne emzirmeye gelene kadar bebeği bekletmek mümkün olamayabilir. O nedenle, mümkün olduğu kadar annesinden emmesi için bir süre oyalanarak bebeğin emmesi sağlanmalıdır. Ancak, annenin gecikmelerinde huzursuzlanıyor ise, beslenmelidir. Bu dönemde bebeğe yaklaşmanın altın kuralı onun minimum huzursuz olmasını sağlamaktır.

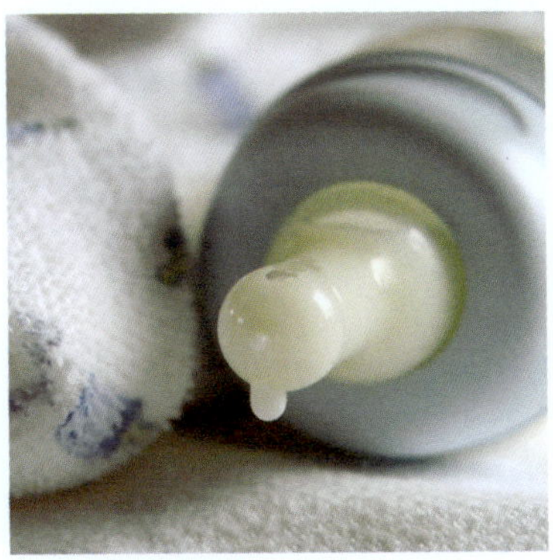

Tuvalet terbiyesi vermeyin: "Kaka var mı, yok mu?" diye kontrol etmeyin

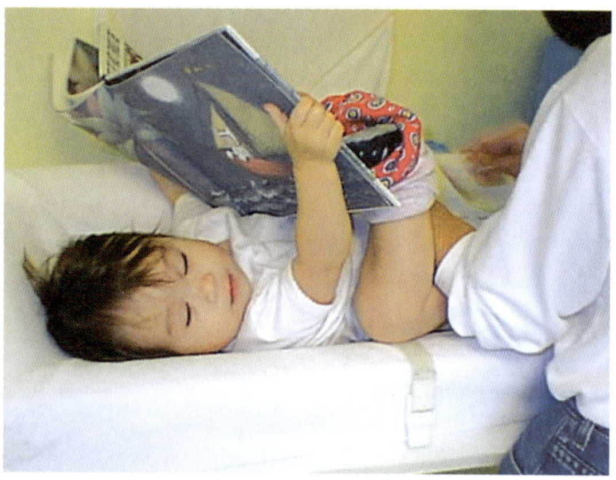

Yaptığı kakanın kabul görmemesi ile çocuğa yerleşecek utanç duygusu ve inatçı karakter tedavi edilemez.

Onsekizinci aydan itibaren, daha önce ağız çevresinde olan haz, anüs ve civarı dokulara yerleşir. Dolayısı ile artık "emzik" faslı bitmiş, "popo" faslı başlamıştır. Kakası ona ait bir eserdir. Onu yapıp yapmama kararı da ona ait olmalıdır. İsterse kakasını kendisi verir. İnsanın kararlı kimliği bu şekilde oluşur. Kendi kararlarını kendi verebiliyor olması, onun bağımsız kimliğidir.

- Bu çocuk benden ne istiyor? Yine gitti masanın altında kakasını yaptı. Kakasının geldiğini bilmese yüreğim yanmayacak. Yaptığını da biliyor. Bakar mısınız yaptıktan sonra sırıtarak masanın altından bana bakıyor.

Sık sık koklayarak ya da bezini aralayıp bakarak, kaka ya da çiş yapıp yapmadığı kontrol edilmemelidir. Çocuk kakasını yaptıktan sonra, annesinden onu almasını, yine kendisi istemelidir. Bu dönem iyi doyurulursa geleceğin kendi kararlarını verebilen, kararlarında tutarlı yetişkininin temeli atılmış olur. Pişik tedavi edilir. Yaptığı kakanın kabul görmemesi ile yerleşecek utanç duygusu ve inatçı karakter tedavi edilemez. Hayat boyu yerleşir. Utanç duygusu, aşağılanma hissi uyandırır ve yeteneklerin ortaya çıkmasına engel olur.

Aşırı temizlik ile özdeşleşen çocukta, yerine getirmediği her temizlik kuralı suçluluk duygusu yaratır.

Düzen ile özdeşleşme

1,5 - 3 yaş arasındaki dönem, temizlik ve düzen ile özdeşleşme dönemidir. Fakat burada aşırıya kaçan titiz bir annenin erken ve sıkı tuvalet terbiyesi, haz ilkesinin doyurulmasına engel olur. Aynı zamanda, aşırı temizlik ile özdeşleşen çocukta, yerine getiremediği her temizlik kuralı bir suçluluk duygusu yaratır. Kararsız ve verdiği kararlardan utanç duyan, aşırı titiz, cimri, inatçı, ya erotizm sergileyen ya da buna aşırı tepki gösteren bir kişiliğin temelleri atılır.

Burası yazlık olmasına rağmen, bahçe taşına kadar ayrı terlik, alt katta ayrı terlik, merdivenlerde ayrı terlik, ikinci katta ayrı terlik ...(devamı var da üst katlara hiç çıkmadığımız için hata yapmayalım dedik.) giymek zorunluluğu vardı. Sık sık annenin çığlıklarını duyardık,

- Gene miiiiii!!! (Gene mi'den kasıt "Gene mi buraya ıslak ayakla bastınız") Ara sıra da oğlanların elinde bir yer bezi, yerleri sildiklerine şahit olurduk.

Bu günler hızla akıp geçti. İki erkek kardeş göz açıp kapayana kadar büyüdüler. Biri 16, diğeri 20 yaşına geldiler. İkisi de akademik açıdan başarısızlar, sigara ve alkol bağımlılıklarını, hatta uyuşturucuya olan yakınlıklarını duyuyoruz. Ayrıca toplumla uyuşmayan davranış sorunları var.

Ya da tam tersi, bu dönemde ilgisiz bir anne ile kakası içinde büyümüş olmak da çocuğun psikolojisini olumsuz etkiler. Çocuk temizlik ve düzenle yeterince özdeşleşemez. Kararsız, başkalarının kararlarını da kabul etmeyen itirazcı, dağınık, sado-mazoşist bir kişi olur.

İlk doğum gününde ilk sözcükler

Doğum günü ile birlikte, objeleri sözcüklerle eşlemeye yani konuşmaya başlar. Kendi adına bakıyor olması, kendisini çevreden ayırt edebiliyor olduğunun bir diğer işaretidir. Esasında bu gelişmelerin gelmekte olduğu, çocuğun objeleri uzaktan parmağı ile işaret ederek istemesinin başlamasından anlaşılır. Bir nesneyi uzaktan parmakla işaret etmek insan beyninin çok özel bir yeteneği olan birebir eşlemedir. Lisan da insan beyninin birebir eşleme yeteneğinin bir sonucudur. Nesneler ile sözcüklerin birebir eşlenmesi lisanın özüdür. Birebir eşleme insana özgü zihinsel yapılar sayesinde ortaya çıkar. Bir yaşında bu yeteneğin kazanılması ile birlikte, çocuk adına tepki gösterir. Bu çok önemli bir gelişmedir.

Çocuğun adı ile kendini eşleyebilmesi için birebir eşleme yeteneğinden başka kendi farkındalığını da kazanmış olması gerekir. Nitekim bir yaş kendi farkındalığının ilk belirtilerinin ortaya çıktığı bir dönemdir. Kendini fark edebilmek sosyalleşmenin önemli bir adımıdır. İlk aşaması, doğumla birlikte kazanılan anne farkındalığıdır. Hatta bebeğin annesini daha anne karnında iken kokusu sayesinde fark etmeye başladığı öne sürülmektedir. Bebek 8-10 aylık iken yabancıları fark eder. Bir yabancının kucağına gittiği zaman kıyameti koparır. Bir yaşında da kendi öz varlığını diğer çevresel uyaranlardan ayırt etmeye başlar. Esasında kendi farkındalığının kazanılması, daha altıncı ayda çocuğun ellerine bakması ile başlar. Sekizinci ayla birlikte ellerine bakması sonlanırken, o ayakları ile ilgilenmeye başlar. Kendi farkındalığının devamı kulakları ile oynaması ile devam eder. Hatta çocuğun bu davranışı akla kulağının ağrıdığını getirir. Nihayet bir yaş civarında çocuk adına bakmaya başlar. Zihin sorunu olan otizmde bu aşama kazanılamaz.

Bir yaş
kendi farkındalığının ilk
belirtilerinin ortaya çıktığı
dönemdir.
Kendini fark edebilmek
sosyalleşmenin
önemli bir
adımıdır.

Burada dikkat edilmesi gereken önemli bir nokta vardır. Çocuğun eşleme yeteneğini kazanmış olması, onun harflerle, yazı ile nesneleri eşleyeceği anlamına gelmez. Çocuk bunu yapabilir, ancak beynin bu yönü zorlanmamalıdır. Çünkü bu dönemde, grafik eşleme yeteneği henüz gelişmemiştir. Oysa yazı, grafik anlatımdır. Henüz gelişmemiş bir yeteneğin zorlanması beyin gelişmesini olumsuz etkiler. Benzer şekilde, bu dönemde kelimelerin eşleşmesi şeklinde ikinci bir lisanın öğretilmeye çalışılması da sakıncalıdır. Çocuk özellikle bu dönemde ana lisanı gibi diğer lisanları da öğrenebilir. Ancak, diğer lisanlar da ana lisanda olduğu gibi duygusal boyutta ve çocuğun varlığında sürekli konuşuluyor ise bu mümkündür. Aksi halde, ders niteliğinde yabancı bir lisanın sözcüklerinin nesnelerle eşleşmesi çocuk beynini yorar.

Bir yaşına kadar, acıkma, susama, uyku vb gibi içsel uyaranlara duyarlı olan çocuk, artık çevresel uyaranlardan etkilenir. Örneğin, acıkıp ağladığında, pekala oyuncaklarla oyalanarak susturabilir. Oysa bir önceki dönemde oyuncak fayda etmez, çocuğu mutlaka doyurmak gerekirdi. İşte şimdi, acıktığında kısa süreli de olsa oyalanarak bekleyebilir. Ancak, ağlaya ağlaya susmayı öğrensin demenin yaşı henüz gelmemiştir. Ağlaya ağlaya susmayı öğrenebilmesi için biraz daha büyümesi, en azından üç yaşını aşması gerekir.

Çocuk çevrenin farkına vardıkça, çevreden gelen uyaranları da o ölçüde algılamaya başlar. Çevreden gelen uyaranlar arttıkça, beynin kapasitesi de artar. Beynin "esneklik" denilen bu özelliği başlıca 6 yaşına kadar çok belirgindir. "Ağaç yaş iken eğilir" atasözü beynin bu yeteneğinin halk tarafından farkedildiğini yansıtır.

Aynı anneden bir batında doğmuş, iki fare yavrusundan birini boş bir kutuda, diğerini içinde çeşitli girdaplar ve objeler olan diğer bir kutuda büyütelim. Boş kutuda büyüyen, boş kutunun bir köşesine koyacağımız mamayı bulmakta zorlanır. Diğeri ise, kutudaki girdaplardan birine saklayacağımız mamayı anında bulabilir.

O nedenle, beynin hızlı bir gelişme içinde olduğu çocukluk döneminde, çocuğa ne kadar çok uyaran verilirse, beyin kapasitesi o kadar çok gelişir. Yukarıda uyaranların niteliğinin de bir sınırı olduğu ve bu sınırı beynin gelişmişliğinin belirlediğine değinilmişti. Bu dönemde uyarandan kasıt çevredir. Çocuk çevreyi araştırmalı, karıştırmalıdır. Ortalığı dağıtacak ya da herşeyi ağzına götürüp mikrop kapacak diye, etraftaki eşyaları ortadan kaldırmak, beyin gelişmesine engel olur. Tam tersine çocuğun kendine zarar vermeyecek ölçüde üstünü başını kirletmesine olanak verilmelidir. Oyun ve oyuncak bu kapasiteyi arttırıcı rol oynar. Bu dönemde, dikkat süresi sınırlı olduğundan, bir düğmeye basınca çalışan oyuncaklar yerine; üstüste dizip kule, yanyana koyup yol, zikzak yerleştirip yılan yapabileceği ya da değişik semboller yaratabileceği, dolayısı ile onun dikkatini değişen şekilleri ile sürekli uyanık tutacak oyuncaklarla tanıştırılmalıdır. Bu dönemde "ce" oyunlarının da revaçta olmasının altında görüntünün değişiyor olması yatar. Bu dönemde, çocuk beyni sürpriz uyaranlara açıktır. Bir nesnenin gizlenmesi, gizlendiği yerden aniden çıkarılması gibi oyunlar çocuğun zihinsel gelişmesine katkıda bulunur.

İki yaşına doğru, istekleri anında karşılanma dönemi artık bitmeli ve çocuk, "dur bekle" kontrolüne hazırlanmalıdır. Yani, aşırı korunan kollanan, kucak çocukluğu bitmeli, çocuk çevreyi tanımak üzere, uzaktan korumak şartı ile serbest bırakılmalıdır. Dolayısıyla, çevreyi deneme yanılma yöntemi ile tanımasına olanak sağlanmalıdır. Buradaki serbestlik, "Serbest bırak, merdivenlerden düşsün! Düşmemeyi düşmenin acısını tadarak öğrensin!" şeklinde algılanmamalıdır. Çocuğun belki de geriye dönüşü olmayan zararlardan korunmasının en çok gerektiği dönem bu dönemdir. Henüz fiziksel gerçeklerin bilinci ve yorum yeteneği olmadığından, her an zarara açıktır. Henüz çevreyi bilmeyen fakat öğrenmek dürtüsü içinde olan çocuk her yeni gördüğüne uzanacak, yaklaşacak, dokunacak koklayacak ve hatta tadına bakacaktır. Bu dönemde öğrenme, beş duyunun beşini birlikte kullanarak olur. Ayrıca beynin gelişmesinde uyaran çokluğunun önemli bir rol oynadığı da bir gerçektir. Yani çocuk çevredeki nesneleri tanımalıdır. Ancak çevrede sayısız zararlı uyaran vardır. O nedenle, çocuğu serbest bırakmak, aynı zamanda da tehlikelerden abartısız bir şekilde korumak gerekir. Kendine zarar verecek nesneleri de keşfetmeli, uzak durması gerekenlerden uzak durmayı öğrenmelidir. Onu hem çevreyle tanıştırmak, hem de uzaktan kontrollü bir şekilde korumak nasıl olacaktır?

Esasında, bu dönemdeki çevre algısı, annenin etrafındadır ve olsa olsa 8-10 metre çaplı dar bir alandır. İsteseniz de annenin eteğinden uzaklaşamaz. Annenin devamlılığını sık sık kontrol eder. Bunun için, üç beş adım atıp, "Anne hala orada mı?" diyerek, sık sık geri dönüşlerle bu dairenin sınırlarını kendisi belirler. Yani, kontrol edilecek alan öyle çok geniş bir alan değildir. Arkasına bakmadan gidiyorsa, bir sorun olma ihtimali de vardır ve araştırılmalıdır.

Yaş ilerledikçe, çocuk annesinin çevresindeki bu soyut daireyi sınırsız bir şekilde genişletir. Giderek kontrolü zorlaşır. O zaman, "ilaç kutularını, deterjanları, böcek ilaçlarını yükseğe koymuştum, dolaba kaldırmıştım..." feryatları yetmez. Üç-dört yaş çocuğu her şeyi görerek, sesi varsa duyarak, dokunarak, tadarak, koklayarak araştırır ve öğrenir. Bunun böyle olması değil, olmaması anormaldir. O nedenle, tehlikelerin yükseğe ya da dolap içine kaldırılması yetmez. Bu dönemde, tehlikeli maddelere karşı kilit, prizlere kapak, fırının önüne engel gibi daha ciddi tedbirler almak gerekir.

Yaş ilerledikçe
çocuğun kontrolü zorlaşır.

Bu dönemde ilaç dolaplarına
kilit takmak, prizleri kapaklı olanlarıyla
değiştirmek, fırının önüne
ona engel olacak şeyler koymak alınması
gereken tedbirlerdir.

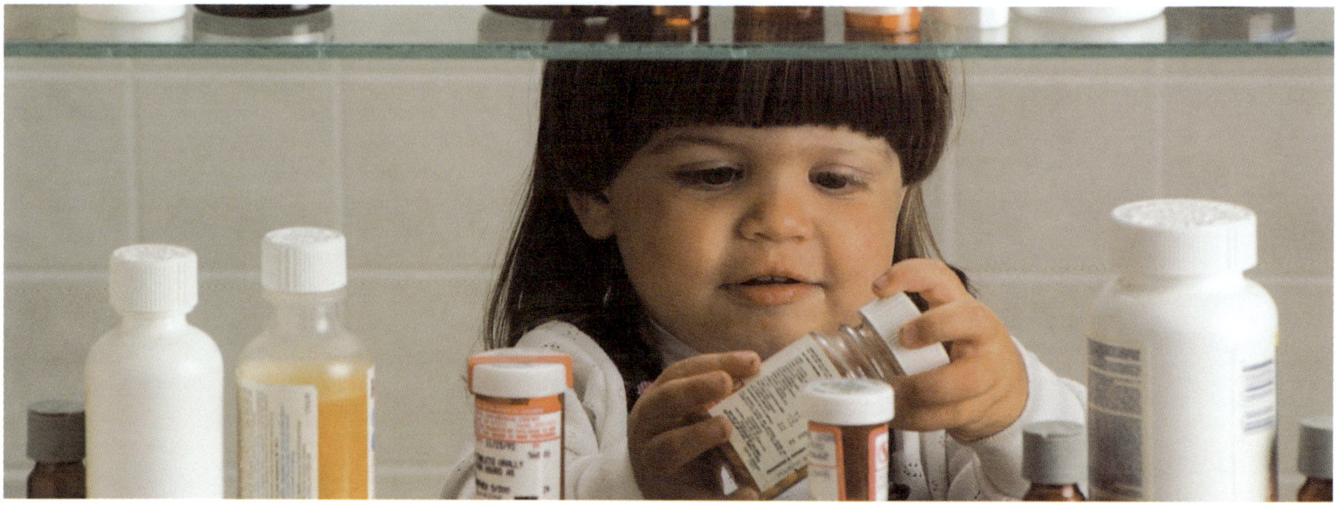

Alınan bu tedbirlerle birlikte, çocuğun kendi kendini koruyabilmesi de, ayrıca onun gelişmekte olan sembolleştirme yeteneğinden faydalanılarak sağlanabilir. Bunun için çevredeki objeleri iki gruba ayırıp sınıflandırmalıdır.

1. ***O'na zarar verecekler***
2. ***O'nun zarar verebilecekleri***

Örneğin, prize çivi sokarsa bu ona geriye dönüşü olmayan bir zarar verir. Oysa çiçeğin yaprağını koparırsa çiçek ona değil, o çiçeğe zarar verir. O halde priz, bıçak, makas, ateş ona zarar verecekler grubundandır. Yani bunlar "cız" dır, "hayır"dır. Ancak, bu sözcükler sadece bir ses iseler, onun için bir oyun olurlar. Siz heyecanla "hayır" da deseniz "cız" da deseniz, yapmasını istemediğiniz şeyi, o, oyun olarak algılar ve tekrarlamak ister. Üstelik bu dönemde beyin sürpriz görüntünün, değişen sahnenin peşindedir. Özellikle "cız" derken mimikler, ses hepsi bir sürpriz görüntü efekti ile çocuğun özellikle dikkatini çeker. Burada yapmanız gereken, bu sözcükleri itici, uzaklaştırıcı duyular ile eşleştirmek, başka deyimle sembolleştirmektir.

Isı duyusu en erken gelişen duyudur. Evde ısı kontrolü en güvenli alet ütüdür. "İpek" derecesine ayarlanan ütünün, çocuğun elinde yaratacağı his ile başlanır. Bu his onun elini yanık olacak şekilde yakmaz, ancak ısının itici sıcaklığını hissettirir. "İpek" derecesine ayarlanan ütüyü usulca eline değdirip ya da daha iyisi yaklaştırıp "hayır" ya da "cız" sözcüğü tekrarlanarak bu his ile sözcük eşleştirilir. Böylece, bu sözcük ısının sembolü olur. Adına bakmaya, isteklerini işaret parmağı ile eşlemeye başlamış çocuk bu eşleme işlemini kolayca kavrayacaktır.

Isı, sevimsiz bir duyudur. Çocuk ısıdan uzaklaşır. Bir sonraki adım, ona zarar vermesi olanaklı diğer objeler ile aynı sembol kelimeyi eşlemektir. Yani, bir elde ütü olduğu halde, ütü ve örneğin, priz işaret edilerek sembol kelime tekrarlanır. Üç beş tekrardan sonra, çocuğun söz konusu bu objeler ile de seçilen olumsuzluk ifadesi "cız" ya da "hayır" gibi sembol sözcükleri eşleştirdiği görülür. Bu sözcükler ile birlikte tehlike sinyali taşıyan objeler çocukta ısı çağrışımı yapacak ve çocuk o objeden uzaklaşacaktır.

Öte yandan, ona zarar verecek objelerin sayısı sınırlı olmalıdır. Çocuğu "cız" ya da "hayır" komutları ile sustalı maymuna çevirmek, onun çevreyi tanımasına engel olur. Esasında, çevrede ona zarar verecek nesneler; priz, bıçak, makas, ateş, pencere kenarı ve balkonlu evlerde balkonun kenarı gibi benzeri tehlikelerin sayısı 8 -10 adeti geçmez. O nedenle, bunlardan başka çocuğa geriye dönüşü olmayan hasar verebilecek diğer tehlikeler belirlenmeli, ancak her şey tehlike sınıfına sokulmamalıdır.

Onun zarar verecekleri doğal olarak daha geniştir. Bu gruptaki objelere yaklaşmaması, onun çevresel uyaranlarla beyin kapasitesinin gelişmesine engel olmadan sağlanmalıdır. Yani, hem çevreyi tanımasına fırsat tanımalı ve hem de onlara zarar vermesine engel olunmalıdır. Bunun için, onun zarar vermesini istemediğimiz örneğin, çiçek, vazo gibi objelere hiç aklında yokken "Gel canım, çiçeklerimizi seveliiim, onları inceleyeliiim" gibi bir yaklaşımla yetişkinin kontrolünde yaklaşmasına olanak tanınmalıdır. Böylece kontrol dahilinde, her objeyi dokunarak, koklayarak, hatta yalayarak görüp öğrenmesi sağlanmalıdır. Böylece, çevreyi tanıma ve kodlama ihtiyacı doygunluğa ulaşacaktır. Bu şekilde, zarardan koruma koşulu ile ona serbestlik tanınması zihin gelişimini coşturmaktan başka, gelecekte başkalarının haklarına saygı duyan, etik değerlere önem veren, öz-güveni, yaşama sevinci ve öz-saygısı olan kendini kontrol edebilen bir kişilik oluşacaktır.

Güven: "İhtiyaçlarını hemen karşılayın!"

Yaşamın ilk üç yılında çocuk, ona bakan kişinin, onun ihtiyaçlarını karşılamak üzere her an yanında olduğundan emin olmalıdır. İkisi, birbirine adeta yapışık yaşamalıdırlar. "Ağlaya ağlaya susmayı öğrensin. Her ağladığında yanına koşarsam ileride şımarık olur." düşüncesi yanlıştır. Bu dönemde; açlık, susuzluk, uykusuzluk gibi içsel uyaranlar ile uyarılan bebeğin ihtiyaçlarının anında karşılanması gerekir. Acıkınca hemen beslenmeli, altını kirletince hemen bezi değiştirilmeli, ağlayınca hemen kucağa alınıp şefkat gösterilmelidir. Esasen onu oyalamak da mümkün değildir.

- Bebeğim acıkınca mamasını ısıtıncaya kadar sabredemiyor. Kimimiz biberonun kapağını açıyoruz, kimimiz suyu ılıştırıyoruz, kimimiz...

Bu şekilde başkalarına güvenin temeli oluşur. Kendini emin ortamda hisseder ve çevreyi araştırarak öğrenmeye daha güvenli ve istekli başlar. Bir başka deyişle, bu dönemde kendine bakan kişiye, en iyisi annesine güvenerek bağlanmanın yaratacağı emin zemin, öğrenme mekanizmalarını olumlu etkileyerek çocuğun zeka gelişimine olumlu katkıda bulunur. Bu yaklaşım çocuğu asla şımartmaz. Bu görüş yanlıştır. Çocuğun gelişme mekanizmalarını bilmeyen yetişkin mantığının ürünüdür. Çocuğun içsel dinamiklerini bilmeyen bir yetişkin bakış açısı ile yaklaşıldığında çocuğun gelişmesinin ne denli örseleneceği dehşet vericidir. O nedenle, çocuk gelişme aşamalarının bilinmesi, dolayısı ile çocuğa bu aşamaların gerektirdiği şekilde yaklaşılmasının önemi ne kadar tekrarlansa azdır.

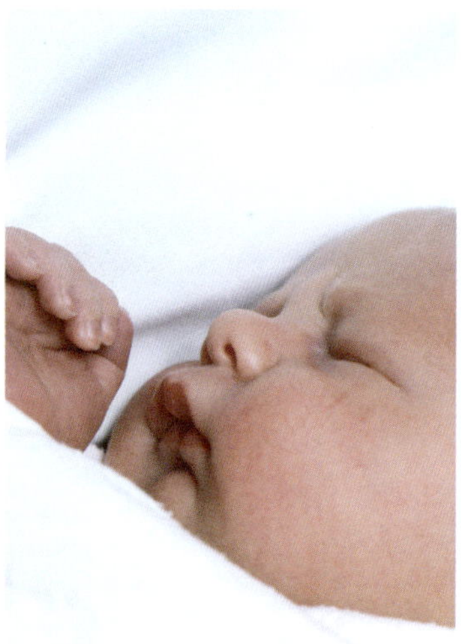

- İkibuçuk yaşındaki erkek çocuğu uykusuzluk, hırçınlık ve ellerini ısırma yakınması ile getirilmişti. Çocuk her fırsatta babasının ayaklarına kapanıyor, isteklerini babasından talep

ediyordu. Annenin varlığında, 2,5 yaşındaki bir çocuğun hele de bir erkek çocuğunun bu davranışları dikkatimi çekti.

- Titiz ve kuralcı bir anne misiniz?

- Evet.

- Böyle davranmak içinizden mi geliyor?

- Asla. Ama kitaplar böyle davranmam gerektiğini yazıyor.

- Nasıl?

- Örneğin dediğimi yapmazsa, öbür odaya cezaya gönderiyorum.

- Çocuk ne yapıyor?

- Önceleri gitmiyor, çok ağlıyordu. Ben de kapıyı kilitliyordum. Ağlıyor, ağlıyor susuyordu. Şimdi "Öbür odaya!" diyorum. Gidiyor.

- Artık istediğiniz her şeyi yapıyor mu?

Annenin yanıtı tahmin edileceği gibi "Hayır" olmuştu. Bireyi olanaklarından yoksun kılmak, davranışları kontrol etmek amacı ile verilen ceza yöntemlerinden biridir. Başka odaya göndermek sahip olunan olanakların elinden alınmasıdır. Ancak, üç yaşından önce başvurulmamalıdır. Üstelik anne tarafından asla uygulanmamalıdır. Annenin okuduğu kitapların yazarları mutlaka bu ceza yönteminin farkındadırlar ki, kitaplarında bu yöntemi dile getirmişlerdir. Ancak uygulamada, çocuğun içinde bulunduğu dinamikleri göz ardı edip yetişkin mantığı ile yöntemi monte etmişlerdir. Belki de bunu anne yapmıştır. Daha ileri yaşlarda başvurulacak bir yöntemi, yaş faktörünü ihmal ederek yetişkin mantığının gerektiği biçimde kendi çocuğuna monte etmiştir.

Davranışlar hemen akabindeki olgular ile eşlenerek kodlanırlar. Olgular olumlu ise, davranış gelecekte tekrarlanmaya devam eder; olumsuz ise, tekrarlanması azalır. Bu tüm canlılar için geçerli bir durumdur. Bunu bilen yetişkin mantığı, yaşa bağlı değişimleri dikkate almaz ise bu kuralı her yaşa monte eder. Nitekim yatağında uyumayıp, anne-babanın yatağında yatmakta ısrar eden bebeklere de bu kuralın uygulanması önerilmiş ve olumsuz sonuçları ortaya çıkmıştır. Yaş ile ilgili davranışsal değişim tamamen beyinde ortaya çıkan değişime paraleldir. İnsan için yaşamın ilk üç yılı olduğu kabul edilen kritik yaş fare yavrusu için yaşamın ilk 9 günüdür. Nitekim yaşamının ilk 8 gününde besinine kendisi ulaşacak yetenekte olmayıp beslenmek için annesine muhtaç olan fare yavrusu, yaşamının 9. gününde besinine kendi ulaşabilecek olgunluğa erişir. Yaşamlarının ilk 8 gününde süt ile birlikte ağrılı uyaran verilen fare yavruları, ağrıya rağmen yine de süte yönelirler. Ancak, 9 günlükten daha büyük fare yavrularına süt ile birlikte ağrılı uyaran verilirse, yavru sütten uzaklaşır. Buradan anlaşılmaktadır ki, kendi besinine ulaşacak olgunlukta olmayan yavru, ağrıya rağmen yine de besine yönelmektedir. Yani, yaşam açısından kritik bir dönem olan beslenme açısından başkalarına muhtaç olunan dönemde, besin yaşamsal önemdedir ve hatta olumsuz koşullarda dahi yavru içgüdüsel olarak besine yönelme davranışlarına yönelmektedir. Bu atalarımızın "Buldun besin ye, gördün sopa kaç" deyişi ile özdeş bir durumdur. Yavrunun besinine ulaşabileceği kadar palazlanması ile birlikte, önce ağrılı uyarandan kaçtığı yani önce canını kurtardığı, nasılsa artık ulaşabildiği besini bu sefer ikinci plana attığı bilinir. Bunun hangi mekanizmalar ile sağlandığı araştırıldığında; ilk 8 gün fare beyninde, ağrılı uyaran varlığında kortizon salgılandığı görülmüştür. Kortizon ağrı hissini azaltır. Dokuz günden daha büyük fare yavrusunun beyninde ise ağrılı uyaran ile birlikte serotonin salgılandığı anlaşılmıştır. Serotonin ağrının daha da şiddetle hissedilmesini sağlar. Bu durumda, beyinde yaşa bağımlı olarak ortaya çıkan değişimin hayvanın davranışlarını onun gelişme aşamaları doğrultusunda belirlediği açıktır. Bu araştırmalar sayesinde içgüdüsel olarak adlandırılan davranışların nasıl ortaya çıktığını anlaşılır kılmaları bakımından çok önemlidir. Buradan annenin özellikle anlaması gereken nokta beyin yapılarının yaşa bağımlı değişiyor olduğu ve yaşın özellikleri dikkate alınmaksızın kuralların her yaşa benzer şekilde düz mantık çerçevesinde uygulanmasının kabul edilemeyeceği olmalıdır. Yapılması gereken, bu yaşa bağımlı gelişen yapılar hakkında bilgi sahibi olmak ve ona göre davranmaktır. Buradaki bakış açısını kolaylaştıran söylem, her yaş aralığında çocuğun bambaşka bir canlı olduğunu düşünmektir. Şöyle ki; 1,5 yaşına kadar bebek kelebektir, 1,5-3 yaş arası papatyadır, 3-4 yaş arası brokolidir gibi. Sözün özü; çocuk yetişkinin küçüğü değil, ondan bambaşka özellikte bir canlıdır.

Yukarıda sayılan canlılar, bitkiler meyveler ne kadar farklı ise, o da o kadar farklıdır. Nasıl diğer varlıklar hakkında nasıl bilgi sahip olduktan sonra ancak yorum yapılabiliyorsa, insanın bebeği hakkında da ancak onun gelişmekte olan beyni hakkında bilgi sahibi olduktan sonra yorum yapabilmesi mümkündür.

Çocuğa bakacak kişiden beklenmesi gereken, çocuğun isteklerini anında ve gereği kadar karşılıyor olmasıdır.

Sözün özü; yaşamın ilk üç yılında, ihtiyaçları anne sıcaklığında ve anında karşılanırsa, yani her ağladığında beslenir ve kucaklanırsa, istediği gibi huzurla uykuya geçer ve gerektiği gibi yıkanır temizlenirse, gelecekte sahip olması beklenen temel güveni kazanır. Evlatlık alınıp anne şefkati ile büyütülen ve ihtiyaçları karşılanan çocuklarda da temel güven pekala gelişir. Yeter ki ona bakan yüz değişmesin, ihtiyaçları anında ve gerektiği gibi karşılansın.

Bebeğin ihtiyaçlarının aynı yüz tarafından, yani aynı kişi tarafından karşılanması çok önemlidir. Çalışan anne, her an çocuğunun yanında olamayacak, dolayısı ile bebeğe bir başkası bakacaktır. Çalışan annenin dikkat etmesi gereken, çocuğuna bakacak kişinin seçiminde özen göstermek ve bu bakıcıyı mümkün mertebe değiştirmemektir. Çocuğa bakacak kişinin seçimine: "Bu giderse bir başkası gelir" zihniyeti ile yaklaşılmamalıdır. Çocuğa bakacak kişiden beklenmesi gereken, çocuğun isteklerini anında ve gereği gibi karşılıyor olmasıdır. Bunun dışında mevcut her sorun göz ardı edilebilir. Anneanne ve babaanneler sağlıkları elverdiği ölçüde bu iş için yerleri doldurulmaz kişilerdir. Yanlış olarak, çalışan anneler tarafından çocuğa aşırı ilgi göstermek, dolayısıyla çocuğu şımartmakla suçlanırlar. Oysa ilk üç yıl, çocuğun her ihtiyacının anında karşılanması onu şımartmaz. Aksine ihtiyaçlarının anında karşılanmaması, onun güven duygusunu örseler. Huysuz, uyumsuz, çekingen bir kişilik yapısı ortaya çıkar.

Kızı 2 yaşına gelene kadar tam 27 bakıcı değiştirdi. Bir sabah uyandığında çocuğun başında bir tek saç teli yoktu. Yatağının kenarında bir öbek lüle lüle sarı saç tomarı vardı. Çocuk saçlarını gece boyunca yolmuştu.

Çalışan annenin yapması gereken, çocuğuna bakacak kişiyi özenle seçmek ve bu bakıcıyı değiştirmemektir.

Nesne devamlılığı: "Gözümün gördüğünü bilebilirim, görmediklerimi hayal edemem"

7. aydan itibaren çocuk, çevrenin kendinden farklı olduğunu iyiden iyiye kavramaya başlar. Kendisine uzatılan objeye uzanmaya, onu eline almaya çalışır. Eline aldığı her şeyi ağzına götürerek, tat, koku, dokunsallık ve görsellik gibi tüm duyuları ile objeleri kodlar. Bu dönemde çıngırak gibi ses çıkaran objelere duyulan ilginin sebebi, çocuğun, işitme duyusu dahil tüm duyuları ile objeleri kodlama ihtiyacındandır.

Çevreye olan ilgisinin artmasına karşılık, bu yaş çocuğu, yere düşen oyuncağını gözleri ile takip edemez. Çünkü çevresel uyaranlar henüz onun beyninde hatırlanacak kadar kodlanmamıştır. Bir nesneyi beş duyusu ile algılıyorsa, o nesnenin varlığını algılayabilir. Yoksa nesnenin o algılamasa da bir başka yerde devam edebileceğini algılayamaz. Oyuncağa ilgisi kalmadığı için oyuncağı takip etmediği sanılır. Oysa oyuncak yerden alınıp tekrar görebileceği yere getirilirse, oyuncağı ilk defa gördüğündeki ilgiyi gösterir. Yere düşen oyuncağı takip etmemesinin nedeni; bu yaşta evrenin sadece kendi görme alanı ile sınırlı olduğunu sanmasındandır. Nesnelerin onun görme alanı dışına çıkmaları halinde, ona göre artık var olmaya devam etmiyorlardır. Obje devamlılığı, bir objenin görme alanı dışında da var olabileceğinin kavranmasıdır. Kendi dışında, başka yerlerde de yaşamın devam ettiğini algılayabilmektir. Bu çevresel uyaranların beyinde zihin alanına kaydedilmesi ile gerçekleşir. Bir başka deyişle, bir nesnenin varlığını duyulara ihtiyaç göstermeksizin algılama yeteneği zihindir.

10. ayda artık, yere düşüp gözden kaybolan oyuncağını, düştüğü yere eğilip bakarak gözleri ile takip edebilir. Bu obje devamlılığı yeteneğinin, yani zihnin kazanılmakta olduğunun ilk işaretidir. Bu dönemde, çevreye olan ilgi de belirgin şekilde artar. Üstelik çevreyi algıladıkça, kendisinin çevreden farklı olduğunu da bu dönemde anlamaya başlar. Çevredeki cansız objeleri değil, aynı zamanda canlıları da ayırt edebilir. Anne ve ona sürekli bakan kişinin yeri ise çok farklıdır. Onun ihtiyaçlarını gideren kişiyi kendinden farklı değil, kendisi ile bir bütün olarak algılamaya devam eder. Yani, üçüncü yaşın sonuna kadar ona bakan kişi için obje devamlılığı kazanılamaz. Kendisine bakan, gözünün önünde değilse, yok olduğunu sanır ve aşırı huzursuzlanır. Bu huzursuzluğun altında, kendisine bakan kişinin yokluğu nedeni ile kendi yaşamının devam edemeyeceği, yani ölüm korkusu hakimdir.

Yabancı anksiyetesi: "Yabancıların kucağına gitmem!"

10. aydan itibaren, bebeğin ilgisi çevredeki diğer canlılara yönelir. Yakın çevresindekileri fark eder ve yadırgamaz. Kucaklarına gider ve ağlamaz. Ancak, seyrek ya da ilk kez gördüğü kimselerin kucağına asla gitmez ve avaz avaz ağlar. Bir başka mekana yapılan ziyaretlerden de, eve gelen konuklardan da rahatsız olur. Birinci doğum günü partisini ağlayarak geçirir. Çünkü yabancıların, ya da yabancı mekanların annesi ile bir bütün olan öz varlığını bozup dağıtacaklarından korkar. Bu anksiyete normal bir gelişmenin işaretidir. Başka bir deyişle, bu dönemde çocuk hiç kimseyi yabancılamıyor, annesinden ya da ona bakan kişiden ayrıldığında ağlamıyor ise bir sorun vardır.

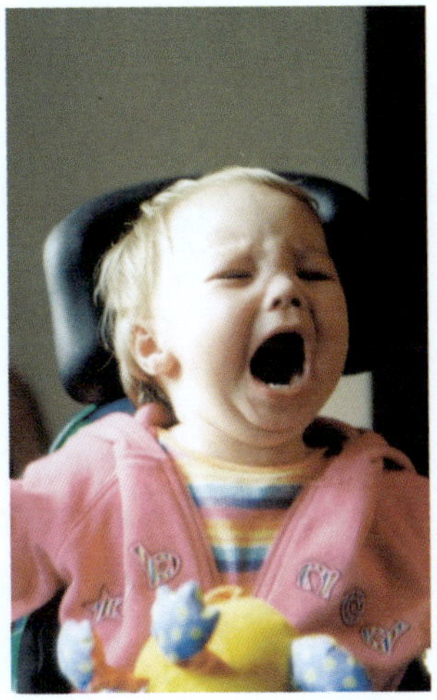

Yabancıların kucağına gitmek istememesi normal bir gelişmenin işaretidir.

Annenin devamlılığı: "Sakın yanımdan ayrılma anne!"

Beynin, cansız nesneleri hafızaya kaydetme yeteneği ile canlıları ve özellikle onların yüz ve mimiklerini kaydetme yeteneği birbirinden farklıdır. Annenin hafızadaki konumu ise hepsinden farklıdır. Anne ile çocuk arasında özel bir ikili oluşmasına neden olan bu görünmez bağ beyin yapıları incelendiğinde somutlaşarak devleşir. Anneye bağlanma mekanizmaları olarak bilinen bu yapılar yaşamın ilk üç yılında oluşur. Bu dönemin ilk 18 ayı kendi içinde özellikler içerir. Halk arasında lohusalığın 40 gün sürdüğü söylense de, esasında lohusalık en az 18 ay sürer. Bu 18 ay süresince anne, kendisini bile şaşırtacak derecede, duygusaldır. Dokunsalar ağlar. Bebeğin nefes alışlarına bile uyanır. Tüm bedeni, hormonal dengesi ile bu sembiyotik beraberliğe adaptedir. Kısacası, sadece çocuk değil, çocuktaki bu gelişme aşamalarına anne de sanki onunla bir bütünmüşçesine eşlik eder.

- Bir yaşındaki kızım yanında ben olmadığım zaman bir türlü uyuyamıyordu. Geceleri uyumadan önce mutlaka beni yanında istiyordu. Uyudu sanıp yanından ayrılmaya hazırlanıyor olmamı bile hissedip yeniden gözlerini açıp yanında kalmamı istiyordu. Hadi uyuttum diyelim. Gece boyunca evden ayrılmama da izin vermiyordu. Arada bir uyanıp yine benim varlığımı hissetmek istiyordu. Uyandığında odasına girmem bile tekrar uykuya geçmesine yetiyordu. Eşimle birlikte dışarı çıkmışsak bakıcısı da, annem de çocuğu bir türlü susturamadıklarını söylüyorlardı.

Sosyal hayatımız sıfıra inmişti. Eve kapanmaya alışık olmayan eşim de sıkıntısını belli etmeye başlamıştı. Bu soruna bir çare bulmam lazımdı. Aklıma cin gibi bir fikir geldi. Çocuk uyanmasa bile belli aralıklarla odasına gidip orada olduğumu ona hissettirecek, zamanla bu araları açacaktım. Böylece yokluğumda bile, onda, evde olduğum kanaatini uyandıracaktım. Doktor, bir buçuk yaşından önce böyle bir deneme-

Anneye bağlanmanın gelişememesi, çocuğa bakan kişinin tutumu ile ilgili olabildiği gibi, çocuğun kendi özellikleri ile de ilgili olabilir.

nin faydasız olacağını söyledi ve haklı da çıktı. Birbuçuk yaşından önce, çocuğumu zedelememek koşulu ile bu duruma bir çözüm yoktu. Eşim ve ben kabullendik. Kızımız birbuçuk yaşına geldiğinde sorun kendiliğinden ortadan kalktı.

Üç yaşından önce çocuk, annesi gözünün önünde değilse, varlığını sürdürmekte olduğunu kavrayamaz. Annesi gözünün önünde değilse, annesi yoktur ve bir daha da olmayacağı kaygısına kapılır. Annenin yokluğunun anlamı çocuk için yaşamın sonudur. Ölüm duygusu ile eşdeğer bir içsel korkuya neden olur. Anne her an hissedilmeli ve devamlılık göstermelidir. Annenin çocuğu evde bırakıp, gitmesi olay olur. Çocuk etinden et koparmışçasına ağlar. Bu ağlamayı durdurma çabaları boşunadır ve bir işe yaramaz. Ağlamanın gerekçesi vardır ve olması da doğaldır. Hatta olmaması anormaldir. Bu anneye bağlılıktır, bağımlılık değildir. Yani, annesinin ardından ağlayan bebek, ilerideki yaşamında da annesine bağımlı olacak diye endişe edilmemelidir. Aksine, bu dönemde gelişmesi beklenen anneye olan bu bağlanma, yetişkin dönemde güvene dayalı bağlılıkların temelini oluşturur. Eşe, arkadaşa duyulan bağlılıkların temelini yaşamın ilk üç yılında gelişen bu bağlılık oluşturur. Üstelik, lisan da dahil olmak üzere bu yaştaki öğrenme mekanizmaları anneye bağlanmanın emin zemininde gerçekleşir.

Yaşamın ilk üç yılında ihtiyaçları ertelenen ve ilgisiz bir tutumla büyüyen çocukta bağlanma oluşamaz. Doğal olarak, ona bakan kişiden ayrıldığında da çocukta herhangi bir huzurluk görülmez. Yetişkin dönemde, karşı cinse bağlılık, sadakat ve güven duygularının gelişmesi de güç olur. Anneye bağlanmanın gelişememesi, çocuğa bakan kişinin tutumu ile ilgili olabildiği gibi, çocuğun kendi özellikleri ile de ilgili olabilir. Bu nedenle, annesinin arkasından ağlamayan çocukta, eğer ona bakanların davranışlarında bir sorun yoksa üstelik bu duruma konuşma gecikmesi, içe kapanma, kabızlık, huzursuzluk, uyku problemleri de eşlik ediyorsa, çocuğa ait bir sorun olup olmadığı araştırılmalıdır.

"Geri döneceğine beni inandır, anne!"

Annenin ayrılması kaçınılmaz ise; ağlamak, hırçınlaşmak, uyumamak, ısırmak, başını yere vurmak yetmez; annenin yerine geçici bir obje koymak, parmak emmek, biberona ve emziğe bağlanmak, altına kaka yapmayı bırakmışsa bile tekrar başlamak, oyuncaklarını kırmak, bozmak, kağıt yemek gibi normalin dışında davranışlara yönelir. Annenin yerine; oyuncak, tülbent, yastık, battaniye gibi geçici obje koyar. Anne bu objeyi desteklemeli, onu ortadan kaldırmaya çalışmamalıdır. Aksi halde, annenin yerine konan obje, anneyi de bebeği de yıpratır. Bu objeyi emmek, onsuz uyuyamamak, obje yıkandığında kıyamet koparmak gibi...

- Annesinin tülbentini emmeden uyuyamıyor. Kirlendi diye tülbenti yıkadım kıyamet koptu.

- Emziği bırakmıştı. Ben işe başlayınca emzikten başka parmak da emmeye başladı. Geceleri hiç uyumuyordu. Sabahları işe gitmem bir felaket haline dönüştü.

Annenin bu objenin anlamını iyi kavraması gerekir. Annenin yerine konan bu obje, çocuğun annesini kaybetme anksiyetesi yaşamakta olduğunun göstergesidir. Annenin esas yapması gereken, onu asla terketmeyeceğine inandırmaktır. Bunun için, özellikle uyutmak, yemek yedirmek, temizlemek gibi bu dönemde bebeğin üç temel ihtiyacının giderilmesinde mümkün olduğunca çocuğun yanında olmaya çalışmalıdır.

- Kapıyı çekeyim, ağlayarak uyusun. Her dediğini yaptıran, şımarık bir çocuk olmasın dedim. Başını yerlere vurmaya, ellerini ısırmaya başladı. Bambaşka sorunlarla karşıma çıktığında, yaptığımın hata olduğunu anlamış ama çok geç kalmıştım.

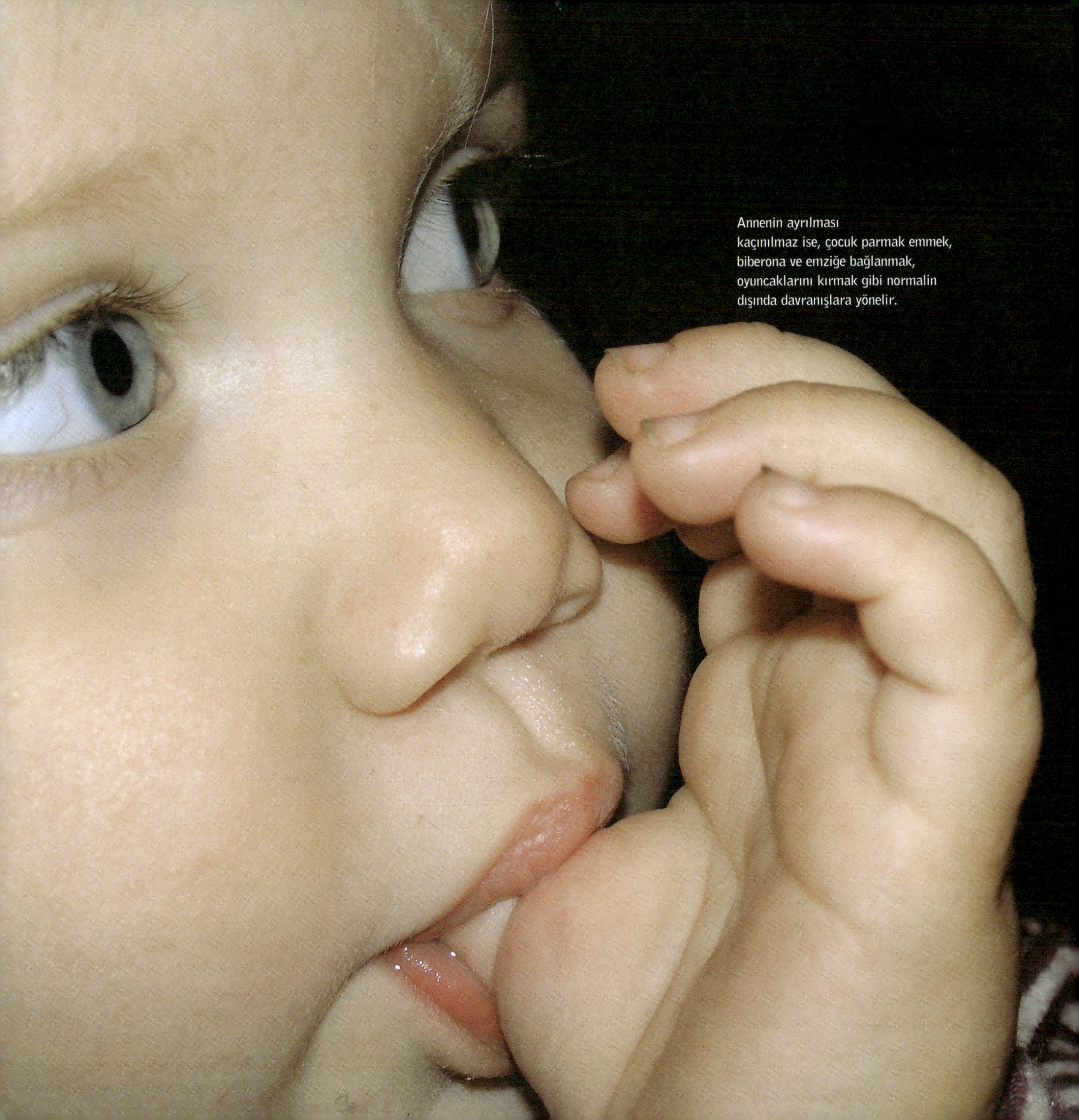

Annenin ayrılması
kaçınılmaz ise, çocuk parmak emmek,
biberona ve emziğe bağlanmak,
oyuncaklarını kırmak gibi normalin
dışında davranışlara yönelir.

Evden ayrılırken, anne mutlaka çocukla vedalaşmalı, ağlamasına engel olmak amacı ile evden sessizce ayrılmamalıdır. Ayrılırken çocuğa bir nesne bırakmalı ve bu nesnenin sadece ikisi arasında, başkalarının ele geçiremeyeği özellikte olduğunu hissettirmelidir. Bu nesne, annenin bir eşarbı, bir oyuncak, bir gün parkta beraber buldukları bir çakıl taşı vs. olabilir. (Burada çocuğa bırakılan hiç bir nesnenin çocuğun yutamayacağı boyutta olmasına azami dikkat gösterilmesinin gereğini ayrıca hatırlatmak yerinde olur.) Anne evden ayrılırken, bu nesneyi çocuğa bir sır verir gibi vermeli. Kendisi gelene kadar onu saklamasını istemelidir. Anne eve döndüğünde ilk iş o objeyi sormak olmalıdır. Bunun için çocuğun lisanının annenin ondan beklediklerini anlayacak biçimde yeterli olması gerekmez. Esasında anne çocuk bağının ilk zorlayıcı dönemi bebeğin 12-18 aylarıdır. Bir yaşındaki çocuk, vücut dili ve yetersiz de olsa lisanı ile

objenin kendine teslim edildiğini anlayabilir. Hatta bu nesneyi çocukla birlikte, onlar beraberken orada durması için örneğin bir çekmeceye, yine aralarında bir sır olarak yerleştirmeli, bu nesneye özel bir ihtimam göstermelidir. Her sabah söz konusu aralarında sır olan nesneyi tekrar çocuğa bırakmalı, akşam eve döndüğünde beraberce aralarındaki o sır yere saklamalıdırlar. Bu obje, anne ile çocuk arasında somut bir bağ oluşturur. Annenin döneceği inancını oluşturur. Amaç, annenin devamlılığını sağlamak, çocuğun bu konuda hissettiği anksiyeteyi azaltmaktır. Anneler benzer amaca hizmet etmek üzere yepyeni özgün fikirler de geliştirebilirler.

-Üç yaşındaki kızımı, babası ile bırakıp bir yıllığına yurt dışına gitmem gerekti. Onu kucağıma alıp, yaşadığımız bir olaydan yola çıkarak, bir masal anlattım. Masalda her yaprak kımıldadığında, her yağmur ya da kar yağdığında, her sabah güneş doğduğunda, her akşam lambalar yandığında, uyuduğu yastığın altında, yıkandığı küvetin köşesinde saklanacağımı söyledim. Tüm bu yerlere somut bir şeyler koydum. Odasındaki lambaya bir kelebek astım, yastığının altına bir çiçek resmi işledim, küvetin köşesine ördeğini yapıştırdım. Bunları birlikte yaptık. Bu masalı videoya kaydettik. Babası her gece ona videoyu izletti. Ben ona yazdığım mektuplarda yaprak, yağmur, kar, güneş, kelebek, çiçek, ördek resimleri gönderdim.

Yokluğumda bir yıl boyunca kızım, banyo sonrası taranırken canı yansa da lüle lüle saçlarını kestirmemiş. Babası saçlarını kestirmesi için ikna etmeye çalışırken, göz yaşları içinde; "Annem gelince saçlarımı göremez ama!..." diye ağlamasını sürdürünce, ben gelene kadar evde saç kesilmesi bir daha konu edilmemiş. Kızımdan ayrılırken "Senin uzayan saçlarını gelince öpeceğim" dediğimi ben bile unutmuştum. Saçlarını aramızda somut bağ olarak koruması hepimizi çok etkiledi.

Annenin devamlılığı kazanılınca: "Anaokuluna gönderebilir, bana kardeş de getirebilirsiniz"

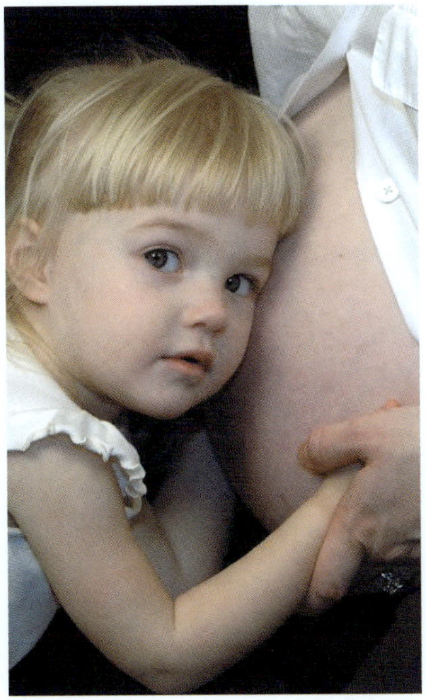

Üç yaşının sonunda çocuk giderek annenin kendinden ayrı bir canlı olduğunu kavrar. Artık annenin onu bırakıp gidiyor olması eskisi kadar şiddetli tepkilere yol açmaz. "Anne gidebilir. Gitse de dönecektir." Çocuk annesinin yokluğunda, onun var olduğunu, yani onun geri geleceğini algıladığı zaman annenin devamlılığı kazanılmıştır.

Obje devamlılığı yeterince kazanılamıyor ise, anne gittiğinde dönmeyecek endişesi devam ediyor demektir. Bu durumda, obje kaybından söz edilir. Çocuk, annenin devamlılığını test etmek için türlü çareye başvurur. Bu çareler bizim başvurduğumuz çarelerden farklıdır. Yetişkin mantığından uzak, çocuğun kendine özgü mantık kuralları içindedir. Çocuğun mantığı, davranışlarını yönlendiren mekanizmalar bilinmediği sürece, ne onun ürettiği çareler, ne de sıkıntılarının nedeni anlaşılamaz. Onu anlamadığımız gibi, çocuk yetişkin mantığı ile yargılanır: "Huysuz çocuk!" "Huzursuz çocuk!" "Hırçın çocuk!"

- Gece defalarca kalkıp su istiyor. Su veriyorum. Bir yudum ya alıyor, ya almıyor.

- Ben işten gelince, bana rahat vermiyor. Hiçbir iş yapamadığım gibi, hiç kimse ile konuşmama da izin vermiyor. Ben biri ile konuşmaya başlasam eliyle başımı diğer tarafa çeviriyor.

Yukarıdaki örnekte sıklıkla "Huysuz, huzursuz, hırçın" olarak nitelendirilen bir çocuk davranışı tarif ediliyor. Oysa çocuk gelişme evresine dikkat edilerek değerlendirildiğinde, henüz obje devamlılığını kazanamadığı anlaşılıyor. Annesi işten gelince, ona rahat vermemekle onu taciz ediyor, bir şekilde onu bırakıp giden annesini ceza-

landırıyor. Bu davranışı başkasına karşı değil, özellikle annesine karşı kullanıyor. Kendince, annesine; "Bir daha gitme! Sen gidince geri dönmeyeceksin sanıyorum. Hep benimle ol. Başkaları ile telefonda bile konuşmana tahammül edemiyorum" diyor. **Kısacası, tacizde talep vardır.** Oysa taciz davranışlarına karşı takınılan tutum genellikle öfke öğeleri içerir. Doğal olarak, öfkeli tutum ile çocuğun anlatmaya çalıştığı sorun çözülemez. Çocuğun davranışı sürdükçe, bu sefer annenin çocuktan talebi yanıtsız kalmakta ve anne hırçınlaşmaktadır. Kısacası sorun çözülmediği sürece her iki taraf için de sorun olmaya başlar. Nitekim **hırçınlığın altında çaresizlik vardır**. Bu bir pozitif kısır döngüye dönüşür. Doğal dengeler daima negatif kısır döngüler ile sürebilir. Yani, doğada bir madde artarken, diğeri mutlaka azalır. Buna negatif döngü denir. Birinin artması halinde, diğerinin de artıyor olmasına ise pozitif kısır döngü denir ki, bu kaos ve kargaşaya yol açar. Talebi karşılanmayan çocuğun hırçınlığının artması ile birlikte buna çözüm üretemeyen annenin hırçınlığının artması benzer bir pozitif kısır döngü yani kaos ve kargaşadır. Her iki tarafın çözümsüzlüğü olumsuzluğu tırmandırır. Evin tadı tuzu kalmaz. Oysa çözüm basittir, ancak çocuk gelişme aşamalarını bilmeyen bir annenin göremediği yerdedir.

Anne çocuk ilişkisi bu şekilde çocuğun doyumsuzluğu ile devam ederse, yetişkin döneminde başkalarına güven eksikliği ortaya çıkacaktır. Çalışan annenin yapması gereken; işten geldikten sonra belli bir süre için, hiçbir şeyle ilgilenmeden çocukla ilgilenmek olmalıdır. Bu ilgi yoğun olmalı, araya hiç kimse, hiç birşey girmemelidir. Özellikle, bu özgün zamanlarda çocuğun talepleri yetişkine acayip ve mantıksız gelse dahi mümkün olduğunca mantık yürütmeden karşılanmalıdır.

Çalışan anneleri bu cümleler isyan ettirebilir. Çünkü çalışan anneler için iş çıkışı iş bitişi değil, ev işlerine gömülme zamanıdır. 24 saatte 25 saat çalışan bir insandan, üstelik çocuğunun en iyi şekilde büyümesi için hiçbir şeyi esirgemeyen birinden, bir de "yoğun" bir ilgi beklerseniz, bu biraz fazla olur. Fakat burada istenen saatlerce bir ilgi değildir. En az 10-15 dakika araya hiçbir şeyin giremediği, çocukla olan can cana bir birlikteliktir. Bunu anneden başkası yapamaz. Örneğin, böyle bir birlikteliği baba üstlensin diyemezsiniz. Kazanılması gereken devamlılık, annenin devamlılığıdır. Baba ev işini yüklenmeli, çocuk ile olan bu birliktelik anne ile olmalıdır.

Üç yaşında, anne devamlılığı kazanılması ile birlikte bir sonraki çocuk planlanabilir. Anneye bağlanmakla birlikte, çocuk anaokuluna da herhangi bir sorun yaratmadan gidebilir.

-Kızım 2,5 yaşında iken onun anaokuluna gitmesi zorunlu oldu. Ancak, bir türlü okulun içine sokamadık. Öğretmenlerine teslim ettik, yarım saat sonra altına kaka yapmış olarak onu eve geri getirdiler. Dil döktük olmadı, bağırdık, çağırdık olmadı. Başka bir çözüm üretmek durumunda kaldık.

-Üç yaşına geldi. Bir kez daha anaokulunu deneyelim dedik. Sanki 6 ay önceki çocuk gitmiş, yerine başkası gelmişti. Anaokulu kapısında beklediğimiz olmadı. Tıpış tıpış içeri girdi ve çocukların arasına karıştı.

Çocuğun aylar içinde gösterdiği gelişme aşaması aileyi şaşırtacak kadar büyüktür. Oysa onun yaşamı içindeki aylar, yetişkin yaşamdaki yıllar ile eşdeğerdir. Bir başka deyişle, çocukluk döneminde gelişme aşamaları aylar içinde hızla kazanılırken, yetişkin dönemindeki gelişme 10'ar yıllık aralar ile kazanılır.

Hayır dönemi: "Yapmıycam işte!"

Üçüncü yaşla birlikte, daha önceleri cansız çevreyi fark eden çocuk, aynı zamanda annesini daha sonra diğerlerini fark eder. En zor olan kendini fark etmektir. Nitekim parlak cisimler ya da ayna gibi başkaca teknik yardımlar olmadan insanın kendinini fark edebilmesi mümkün değildir. Üstelik diğerlerinin duygu ve düşünceleri hakkında hükümler verebilen insan, kendininkileri tanımlamakta yaşam boyu zorlanır. Sonuç olarak, çocuk öz varlığını sonunda fark eder. Üstelik kendini başkalarına da fark ettirmeye çalışır. Herşeye evet diyeni kimse fark etmez. Kendini fark ettirmenin en kolay yolu itiraz etmek, yani hayır demektir. Çocuk da bunu yapar ve her şeye "hayır"der.

-Hangi yoğurdu istersin oğlum? Elmalıyı mı? Çilekliyi mi?
-Hangisini isteyeyim?
-Çilekliyi al.
-O zaman çilekliyi istemem. Ben elmalıyı istiyorum.

-Burnunu karıştırırsan Allah Baba seni taş eder.
Divanın altında, gizlice burnunu karıştırmaya devam ederken bir taraftan da:
-Etmiycek işte! Etmiycek işte!

Bu itirazlar "isyan" değildir. "Eyvah! İsyankar bir çocuk oluyor. Şimdi böyle ise, biz bununla ileride nasıl baş ederiz?" diye endişeye gerek yoktur. "Ben ona evet" dedirtmesini bilirim. Onu terbiye ederim. Mum gibi yaparım" anlayışı ile "hayır" larının önünü kesmek yanlıştır. Bu yöndeki çabalar da zaten ters etki yapar. Çocuk; huysuz, huzursuz, hırçın olur. Daha da kötüsü önemli bir gelişme aşaması örselenir ve geleceğin kendine güvensiz bir kişiliği ortaya çıkar.

Ters etki yapar çünkü bu "hayır"lar yetişkinin anladığı anlamda "hayır"lardan değildir. Çocuğun kişiliğini fark ettirme çabalarıdır. Onun kendini fark ettirmesinin önünü kesmeye çalıştıkça çocuk hırçınlaşır. Tam aksine, onun kendini fark ettirme çabasına yardımcı olunmalıdır. Yani, "Mamanı yeme!" diyerek mamasını yedirmeli, "Dişlerini fırçalama!" diyerek, önüne diş fırçasını ve macununu koymalıdır. Böyle olunca, O "Hayır, yiyeceğim!" ya da "Fırçalayacağım, işte!" anlamında itiraz etmiş, kendi öz varlığını fark ettirmiş; anne de mamayı yedirerek, dişini fırçalattırarak amacına ulaşmış olur. Böylece, kendi kararlarını kendi veren, bağımsız kimliğinin ilk kilometre taşları oluşur.

- Sarkma kızım. Camdan düşersin.
- Sarkıcam işte! Düşmicem işte!

- Meyve ye kızım. Hasta olmazsın.
- Yemicem işte! Hasta olcam işte!

Hangi yoğurdu istersin oğlum? Elmalıyı mı? Çilekliyi mi?
Hangisini alayım?
Elmalıyı al istersen.
Hayır elmalıyı istemem. Bana çilekliyi ver!!!

3-6 yaş çocuğu objeleri işe yaradıkları şekilde algılar, sezgileri ile karar verir.

Çocuk mantığı: "Benim mantığım sizin mantığınıza uymaz"

Üç yaşından sonra çocuk, merdiven inip çıkabilen, koşabilen, topa tekme vurup, topu eliyle havalandırıp, uzağa atabilen bir canlı olmuştur. Giderek eli kalem tutar ve çizgileri taklit edebilir. Lisan yeteneği de dış dünya ile yeterince iletişim kurabilecek seviyeye ulaşır. Zamir, zarf, sıfat kullanımı ile zenginleştirilmiş gramerli cümleler kurabilir. Baş, ağız, kulak, vb. gibi büyük ve orta büyüklükte vücut kısımlarını tanır. Anneanne, hala, dayı gibi temel akrabalık bağlarını bilebilir. Arkadaşları ile kısa cümlelerden oluşan diyaloglara katılır.

Üçüncü yaşla birlikte, altıncı yaşın sonuna kadar sezgisel mantığı ile yorumlar yapar, kararlar verir. Sezgisel mantıkta yetişkin mantık kuralları geçmez. Bir başka deyişle, onun mantığı kendi içinde tutarlı, ancak gerçekler ile örtüşmeyen, işlevsel olmayan bir mantıktır. Lisanı fevkalade kullanan, denileni anlayan, kendine göre yorumlar yapabilen bu yaştaki bir çocuğunun işlevsel olmayan sezgisel mantığını anlamakta zorlanma sırası şimdi yetişkindedir. Şiirler, şarkılar söyleyen, hiç beklenmedik şekilde lafı gediğine koyan bu yaş çocuğunun, soyut kavramlardan en basit olanları bile nasıl olup da anlayamadığını yetişkin mantığı hiç anlayamaz. Onu anlayabilmek ancak onun mantığını anlamakla mümkündür.

- "Çapkın" nedir diye 3 yaşındaki bir çocuğa sordu bir çocuk programında sunucu. Çocuk parmakları ile yuvarlak işareti yapıp her iki elini gözlerine yaklaştırdı.
- O nedir öyle?
Programı izleyenler de en az sunucu kadar gözlere yaklaştırılan yuvarlak şekle sokulmuş küçük parmakların ne anlatmak istediğini merak ettiler...
- Kamera.
- "Kamera" ve "çapkın"! Nasıl oldu anlayamadım?
- Candan Erçetin.
Gerisini anlamak kolaydı. Pop şarkıcısı Candan Erçetin, "Çapkın" şarkısını söylediği klipte, her çapkın deyişinde parmağı ile kamerayı işaret ediyordu. Yuvarlak hale getirilip gözlere yaklaştırılan parmaklar da kamera idi. "İşte sana çapkın !!!"

3-6 yaş çocuğunda mantık

I) Sezgilerimle düşünürüm
II) Gördüğüm her nesne canlıdır
III) Peşpeşe iki şeyden biri, öbürünün sebebidir
IV) Cezamı da, ödülümü de hemen isterim

I) Sezgisel mantık

Bu dönemde, çocuk sezgileri ile karar verir. Objeleri daha çok işe yaradıkları şekilde algılar. Bisikleti tarif ederken "binilen şey", toprakta bir çukur için "kazılan şey" der. Aynı objeyi farklı mekanlarda, farklı obje imiş gibi algılar. Buzdolabındaki süt başka, biberondaki süt başkadır. Açlıktan ölse, buzdolabındaki sütü içmeyi düşünemez. Çünkü o biberondaki sütü içmektedir. Ona göre bir kerede üst üste duran <u>*10 tabağı yanlışlıkla*</u> kıran bir çocuk, <u>*bilerek bir tabak*</u> kırandan daha suçludur. Çünkü 10 tabak, 1 tabaktan daha çoktur. Yanlışlıkla kırmak ile bilerek kırmanın soyut anlamını bilemez. Bardağın masadan düşüp kırılabileceğini de düşünemez. Ne yer çekimini bilir, ne de sert silikonun sert zemine vurunca kırılacağını... Anlatsanız da ezberler ama anlamaz, çünkü anlatmak da soyuttur, o ise tamamen somut olayları algılayabilir. Deyimlerle ve mecazlarla hiç işi yoktur. "Delikanlı" deseniz, "alnı delik bir insan" hayal eder. Aşı yapmadan önce, uzun uzun aşının faydalarından bahsetmek onun tarafından algılanamaz. Oysa bezden bir bebeğe, plastik bir enjektörle aşı yapma taklidi yapsanız, hemen anlar.

II) Cansız objeleri canlı olarak algılar

Bardak elinden düşüp kırılsa, aynı şekilde düşen ikinci bir bardağın kırılabileceği yorumunu yapamaz. Anlatsanız da anlayamaz. Sadece onun elinden düşen ilk bardak kırılmıştır. Ona göre bu, o bardağa özgü bir durumdur. Belki de, o bardak zavallı bir bardaktır, mutlaka ya hastadır, ya yorgundur, belki de üzgündür, ya da işte öyle bir şeydir. Benzer şekilde, sezgileri ve hayal gücüyle, objelerin canlı olduğunu zanneder. Annesinin "Bir daha bardağını masanın kenarına koyarsan, yine düşürür kırarsın" mantığını algılaması mümkün değildir. Bu yaş çocuğunun mantığının özelliklerini bilen bir annenin, ikinci kez bardağını masa kenarına koyduğu için kıran çocuğuna bağırıp çağırması da mümkün değildir. En azından bu anne, bağırmak ile çocuğun bir sonraki sefere bardak kırmaması arasında bir ilişki kuramayacağını bilir. Oysa çocuk mantığından bihaber bir anne cephesinde bu olay;

- Ben sana dememişmiydiiiim! çığlıkları ile nihayetlenir.
Çocuk cephesinde ise;
- Kesinlikle bu bardak üzerindeki ördek resminden düşmüştür gibi işlevsel olmayan özgün bir mantıktan ibarettir.

III) Peşpeşe olan olaylar birbirinin sebebidir

İki olay peşpeşe ya da birlikte gelişmişse mutlaka aralarında somut bir ilişki kurar. Annesi kaldırımdan, babası araba yolundan yürümüş ise, "tüm anneler kaldırımdan, tüm babalar araba yolundan yürür" şeklinde düşünür. Anneannesi şeker verse, şeker ile anneanne arasında mutlaka bir ilişki kurulur. Örneğin, nerede şeker görse, o mutlaka anneannenindir.

- Arabaya binerken 3 yaşındaki kızımın eline 2-3 tane şam fıstığı tutuşturdum. Az sonra uyuya kaldı. Eve vardığımızda onu usulcacık uyandırdım. Uykulu gözlerle avucunda sıkı sıkı tuttuğu 2 adet şam fıstığına bakarak "Bu fıstıklar da çok uyku getiriyor canım." dediğini anımsıyorum. İlkokul 3. sınıfa kadar uyku getiriyor diye fıstık yemeyi reddetti.

IV) Ceza ya da ödül anında verilmeli

Anında verilmezse, ceza ya da ödülün verilmesine sebep olan davranışı ile ceza ya da ödül arasında bir bağlantı kuramaz. Yani, neden cezalandırıldığını, ya da neden ödüllendirildiğini anlayamaz. Anında ceza ve ödül bekler. Suç ile ceza arasına ya da takdir ile ödül arasına soyut "zaman" faktörü sokulmamalıdır. Onun mantığı peşpeşe olan olayların ilişkili olduğunu kavrayabilir. O nedenle, "Böyle yaparsan, sana ceza veririm" deyip suçları da biriktirilmemelidir. Neden cezalandırıldığını ya da ödüllendirildiğini anlamaz.

Ben dönemi: "Her şey benim, hiçbir şeyimi paylaşmam!"

En ufak oyuncağını hatta oyuncağını kırık dökük bir parçasını dahi paylaşmaz. Dünyanın merkezi kendisidir. Başkalarının duygu ve düşüncelerini olabileceğini, hatta bu dünyada başkalarının varlığını bile algılayamaz. Başkaları için kendi davranışlarını değiştirmesi ondan beklenmemelidir. Önce, çevresini tanımış, çevrenin içinde kendi öz varlığını fark etmiş, şimdi öz varlığına ait olan nesneleri fark etmektedir. O nedenle, bu yaptığı "bencillik" değil bir gelişme aşamasıdır. Yetişkin mantığı ile örselenmemeli, tam aksine doyurulmalıdır.

- Ne yaptıysam, abisi ders çalışırken top oynamasına engel olamadım.

Böyle davrandığı için ne söz dinlemeyen yaramaz bir çocuk, ne de abisini rahatsız eden hain ve kıskanç biridir o. Ya da, ileride öyle biri olacaktır. O, sadece yaşı gereği "ben" dönemini yaşamakta, dolayısıyla kendinden başkalarını fark edememektedir. Abi rahat ders çalışsın diye, onun yaşı gereği gösterdiği bencil davranışına engel olmayın. Bu arada abinin ders çalışmasına da olanak yaratın. Çünkü o da içinde bulunduğu dönemin dinamikleri doğrultusunda hareket etmektedir. Her ikisini birden yapabilmek için çözümler üretin. "Dur! Oyna-ma! Akşama babana söylerim" ya da "Yapmazsan sana şeker alırım"lar fayda etmez. Dayak hiç olmaz. Dayağın olmazlığı; "Hiç küçücük çocuk dövülür mü?" vicdanından çok, karşı tarafta rövanş alma davranışına neden olarak istenmeyen davranışın tekrarına yol açacağındandır. Doğrusu, abiyi rahatsız etmeden, bencilliğine sessizce devam edeceği, ilgisini çekecek ona başka bir uğraş bulmakla olur.

Bu dönemdeki çocuk için dünyanın merkezi kendisidir.

Bu dönemde, paylaşmamak da kendini fark ettirmenin bir diğer belirtisidir. Eşyalarını paylaştırmaya çalıştırmak hatadır. Tam aksine, sahiplenme arzusu yeterince

doyurulmalıdır. Benzer bencil davranışları her yetişkin zamanında göstermiştir. Ancak, yaşandığı zamanlardaki beyinsel kayıtlar beynin dokusunu oluşturacak kadar güçlü iseler de, hafızaya kaydedilmedikleri için hatırlanmamaktadır. Bir hatırlansa, o zaman yetişkin, çocuğun bu davranışlarının altında yatan içgüdüleri rahatlıkla fark edebilir. Yetişkin çocukluğunda yukarıda sözü edilen davranışlara muhatap olamadı ise, o onu yetiştirenlerin hatasıdır.

- Evimizin hergün bir parçasını, 3 yaşındaki kızıma verirdim. "Canım, bugün evimizin bacası senin olsun. Tamam mı? Senin olsun! Sakın kimseye verme!" diye de 'benim' duygusunu doyuma ulaştırmak için teyit ederdim. Bir gün klozet kapağımız kırıldığı için bir yenisini alıp eve gelmiştim. Kızım her zamanki gibi beni kapıda karşıladı. "Yavrum, al bu klozet kapağı senin olsun" dedim. Klozet kapağına sarıldı, "Harika! Artık kakam gelince kapağımla tuvalete gider, kakam bitince kapağımı yine odama götürürüm" diyerek odasına yöneldi.

Sözün özü paylaşmıyor olması ve her şeyi sahiplenme arzusu bu dönemin özelliğidir. Bu, ileride paylaşmayı bilmeyen biri olacak anlamında değildir. Çünkü paylaşmayıp "bu benim" demek kimlik ve varlık ifadesidir. "Kuru ekmeğini arkadaşıyla paylaşır" anlamında bir paylaşma değildir bu. Üstelik bu dönemde her şeyini paylaşıyor, yani elindekini yaşıtlarına kaptırıyorsa bir sorun var demektir ve araştırılmalıdır.

Sahiplenme duygusu gelişmezse kıskanç olur, korkar, korkularını kullanarak, sizi kullanır

Sahiplenme arzusu yeterince doyurulmadığı takdirde, kazanma adına kıskançlık yarışına girer. Kıskançlık duygusu tatmin edilmesi güç bir duygudur. Yarışı kaybetme üzüntüsünü zor önlenir. Bu sefer korku fantezileri ile ilgi çekmeye çalışır. Korku fantezileri ile "falancadan korktuğum için, kıskançlık yarışını kaybettim" duygusu yaşar. Korku fantezileri ile mücadele etmek ise kıskançlık ile mücadeleden de zordur. Altında yatan duygulanım yerine, yüzeyde görünen korkular fark edilir ve

-Zavallı yavrum köpeklerden pek korkar.

diye yorumlanır. Çocuk annenin vicdanına ulaşmayı başarmıştır ve anne onu korumaya yönelir. Çocuk sonunda ilgiyi kendine çekebilmiştir. Artık bu durumu sık sık kullanmaya başlar. Bu acıma duygusu ile kazanılan koruma davranışları; geleceğin, başkalarını kullanmanın yollarını arayan, pısırık kişiliğine imza atar.

Bu arada eve bir de kardeş gelmişse, çocuk annesinin sevgisini kardeşine kaptırmaktan korkmaya başlar. Kardeş kıskançlığının esası da budur. Kıskanılan kardeş değil, annenin kaybedileceğidir. Dikkat edilirse annenin varlığında adeta kardeşinin "gözünü oyacak" kadar hain davranışlara yönelen çocuğun annenin olmadığı ortamlarda kardeşini koruyup kolladığı görülür. Hatta annenin varlığında kardeşini çok severmiş söylemlerinin altında dahi anneyi kaybetmeme planlı hesabı vardır. Bu korkuyla çocuk başta annesi olmak üzere yakın çevresine olan güvenini yitirir. "Sen yanılıyorsun. Ben seni de çok seviyorum" söylemleri onu ikna etmeye yetmez. Onun yerine; iki elmayı, iki kardeşe birer birer vermek yerine, ortadan ikiye keserek, her bir elmadan birer yarımşar vermek oldukça işe yarar. Üstelik verirken "Elmaların biri diğerinden daha lezzetli ise, her ikinizin de o lezzeti tatmanız için ikiye böldüm" denilirse, sevgi somutlaşarak aktarılmış olur. Hatta hiçbir şey denmese dahi sadece annenin bu davranışı sevgi sözcüklerinden daha inandırıcı olur. İnandırıcılık sözlerde değil, ikiye kesilerek somutlaştırılan elma ile sembolleştirilen sevgiden kaynaklanır.

Paylaşmamak kendini fark ettirmenin belirtilerinden biridir. Bunun önüne geçmeye çalışmak hatadır. Tam aksine, sahiplenme duygusu doyurulmaktadır.

Cinselliğin fark edilmesi

Dördüncü yaşta haz alanı cinsel organlara yerleşir. İlgisinin cinsel organlarda yoğunlaşması ile birlikte, karşı cinsin farklı olduğunu fark eder. Böylece karşı cinse karşı bir merak uyanır. Bu konuda yanıtlamakta zorlanacağınız sorular sormaya başlar. Bu soruların yetişkin cinselliği ile ilgisi yoktur. O nedenle, yetişkin cinselliğini baz alarak yanıtlama kaygısına düşülmemelidir. Cinsellik ile ilgili sorularına gerçekçi olmak adına, kadın ve erkek organlarının anatomisinden söz etmenin ise ne gereği, ne de gerekçesi vardır. Yanıtlar, masal, öykü ile bezeli olmalı, onun işlevsel olmayan mantığına hitap edecek biçimde sunulmalıdır. Bu sorulara yanıt verirken altın kural: Bizim tutarlılığımız ve yanıtın yaşa uygunluğudur. Tutarlılıktan kasır katı gerçek dürüstlüğü ile gerçeklerin olduğu gibi aktarılması değil, kendi içinde tutarlı olmasının gereğidir.

Bu yaşta çocuğun hayal gücüne hitap etmek yalancılık ya da onu kandırmak değildir. Beyin adaptasyon organıdır. Doğumda yetişkinden daha fazla sayıda hücreye sahiptir. Gelişmemiş bir organın gelişmiş bir organdan daha fazla hücreye sahip olmasının amacı bebeğin hangi ortama doğacağının öngörülememesidir. Bebek beyni, doğum ile birlikte içinde bulunduğu ortama uygun gelişirken ortamın gerektirmediği yapılar gerileyerek iz bırakmadan ortadan kalkar. Doğum sırasında, henüz gelişmemiş bebek beynindeki fazla yapıların anlamı budur. Dördüncü yaş ile birlikte çocuktan uçsuz bucaksız bir hayal gücünün belirmesinin de benzer bir amacı vardır. Çocuk beyni karşılaştığı ortamın elverdiği ölçüde uyaran kodlar. Oysa gelecekte olağanüstü şartlara karşı da beyin kendini hazırlayabilmek amacındadır. Hayal ile beyin olağanüstü şartların bir ön pratiğini yapmış olur. O nedenle, bu yaşlarda çocuğun hayal gücüne hitap etmenin onu kandırmakla bir ilgisi yoktur. Tam aksine onun gelişmesini körükler.

Cinsel kimlik gelişmesinin başlaması ile birlikte sorduğu soruları yanıtlamaktan kaçınmak onun bize olan güvenini sarsar. Ya da "cici çocukların böyle sorular sormaması gerektiği"ni söyleyerek onu utandırmak, utanç ve gizlilik duygularına yol açar.

-"Kızlar nereden çiş yaparlar, anne?"
diye sordu 4 yaşındaki oğlum. Anaokulunda kız arkadaşını kendinden farklı çiş yaparken görmüş de.
-"Erkekler pipilerindeki delikten, kızlar kaka yaptıkları deliğin ön kısmındaki delikten" dedim. Odasında yarım saat oyalandıktan sonra yanıma geldi.
-"Sen kız mısın, anne?"
Aklım akşam için hazırlamakta olduğum yemekteydi ve başıma geleceği tahmin edemeden
"Evet" deyiverdim.
-"Deliğini görebilir miyim, anne?"
Eh... Ih... Kem... Küm... lerle ve fakat onda bıkmak usanmak bilmez "delik görme" arzusu ile çok zor bir hafta geçirdim. Nihayet aklıma cin bir fikir geldi. O akşam 4 aylık kız çocuğu olan bir arkadaşımı yemeğe davet ettim. Bebeğin altı alınırken annesinden izin isteyerek "deliği" gördük. Oğlum bir daha buna benzer bir soru ile karşıma gelmedi.

BÖLÜM III: ÖZEL DURUMLAR

Ödül ve ceza

Ödüllendirilen davranışların görülme sıklığı artar, cezalandırılanların ise azalır. Buradaki ödülden kasıt, oyuncak, hediye vs gibi ödüller değildir. Ödül; davranışın görülme sıklığını artıran her şeydir. Örneğin, annenin ses tonundaki yumuşaklık ve kelimelerindeki çocukça nüanslar, çocuğun lisan gelişimi için ödüldür. Yani, çocuğun duyduklarını tekrarlama davranışını artırır. Dayak ve azar da akabinde geldiği davranışın ödülüdür. Ödüldür, çünkü karşı tarafta rövanş alma duygusunu ortaya çıkarmak sureti ile söz konusu istenmeyen davranışın ya da ona karşılık gelecek bir başka olumsuz davranışın tekrarlanmasına neden olur. Dayak, azar, aşağılama ceza olsa idi, söz konusu olumsuz davranışın görülme sıklığının azalması gerekirdi. Oysa söz konusu olumsuz yaklaşımların rövanş alma duygusunu körüklemeleri ile birlikte istenmeyen davranış azalacağına tam aksine artarak devam eder.

Benzer şekilde öğütler de pek çok davranış için ceza olabilir ve öğütün dikte ettiğinin tam tersi davranışın görülme sıklığı artabilir. Öğüt vermek yerine, yapması istenmeyen davranışlar başkaları üzerinden anlatılmalıdır. Örneğin, herhangi bir olumsuz davranışın olumsuz sonucu, onun varlığında yüksek sesle bir gazeteden okunabilir. Ya da bir başka davranışın olumsuz sonucu sanki birine telefonda aktarılıyormuş gibi onun da kulak misafiri olması sağlanabilir. Bu şekilde tehlikelere karşı kulağı dolar. "Bak böyle yaparsan, başına bunlar gelir" şeklinde doğrudan onu hedef alan emirler, öğütler ile onu tehlikelere karşı korumak şöyle dursun, söz konusu tehlikeye olan ilgisini artırabilir. Kendisine güvenilmediği hissine kapılır. Karşı tarafı kötü haber tellalı olarak görür, sonuç olarak onun olumlu yaklaşımlarını dahi reddedebilir.

En kalıcı öğrenme, bir davranışın hemen akabinde yaşananların kaydedilmesidir. O nedenle, çocuğun belli ölçüde tehlikeler ile de yüz yüze gelmesi, dolayısı ile deneme yanılma yöntemi ile çevreyi tanımasına olanak bırakılmalıdır. Böylece, tehlikeye karşı önlemini, yine kendisi alabilir. Olumsuz sonlanan denemeler tekrarlanmaz. Bir davranışın cezalandırılması da esasen davranışın olumsuzlukla eşleşmesi ile olur. Çünkü birey bir daha o davranışı tekrarlamaktan kaçınır. Olumsuz sonucuna rağmen bir davranış tekrarlanıyor ise mutlaka bir sorun vardır. Bu durumun açıklanması, yani altında yatan mekanizmaların anlaşılması gerekir.

Haklarını elinden almak da iyi bir ceza yöntemidir. Örneğin, onun için önemli olan bir şeyi kullanmasına engel olunur. Bu tutum davranışın görülme sıklığını azaltmıyor ise öncelikle, kullanması yasaklanan objenin onun için gerçekten önemli olmadığı düşünülmelidir. Onun için gerçekten önemli olan bir başka objenin keşfedilmesi gerekir. Pahalı ya da alınması için aşırı ısrarcı olduğu oyuncakların onun için önemli olması gibi bir şart yoktur. Uzun süre yalvararak size aldırdığı bir oyuncak, alındıktan onun için önemini yitirmiş olabilir. Çocuk ne kadar iyi tanınıyorsa, onun için önemli olan objenin belirlenmesi o kadar kolay olur. Davranışların kontrol edilebilmesi de esas olarak bu noktada düğümlenir. **Davranışlar yakından takip edilirse, kontrol da edilebilir.**

Öte yandan, olumlu davranışları mutlaka teşvik görmelidir. Bu davranışlarından dolayı kutlanmalı, onurlandırılmalıdır. **İyi davranışa ödül, fena davranışa cezadan daha etkili** olur. Böyle olunca, saldırgan ve tehlikeye açık davranışlarına onay verilmediğinde, ailenin kararına uyar. Çünkü bilir ki, ailesi yeri geldiğinde teşvik edicidir. Yani, her zaman engellemeyi ilke edinmiş bir aile değildir.

Kardeş kıskançlığı

Kardeş kıskançlığının sebebi, yetişkin mantığı ile anlaşıldığı şekilde iki kardeşin birbirlerinin özelliklerini kıskanması değildir. Kardeşler birbirlerini kıskanmazlar Esasında ortada kıskançlık da yoktur. Kardeşlerin paylaşamadığı annelerinin sevgisidir. Çocuklar annelerinin sevgisini bir diğerinin almasından korkarlar. Bu dönemin kaygısı annenin yokluğunda yaşamın sona ereceğidir. O nedenle, anne sevgisinin kaybedilmesi kelimenin tam anlamı ile ölüm korkusu, yani anksiyetedir. Basit bir olay değildir. Nitekim kaygı büyüdükçe beyin savunma mekanizmalarına başvurmak durumunda kalır. Bunlardan en sık rastlanan regresyon yani geri dönüş, ya da küçülmedir. Çocuk bebekleşir. Emziği bırakmışsa emmeğe, kakasını söylemeğe başlamışsa bile altına yapmaya başlar.

Aslında kardeşler birbirlerini kıskanmazlar. Paylaşamadıkları, annelerinin sevgisidir.

Çocuk, annenin yeni gelen bebekle gün boyu ilgilenmesini, annesi ile arasındaki o görünmez ancak somut olan bağı zedeleyecek tehlike olarak algılar. Biraz palazlandıktan sonra yeni gelen kardeş de, aynı korkuya kapılır. O da, büyük olanın annesi ile arasındaki bağı koparacağı endişesini hissetmeye başlar. Anneyi kaybetme korkusu her iki çocuğu da hırçınlaştırır, daha çok ağlar, daha çok sorun çıkarırlar. Birbirlerini hırpalarlar. Sorunların çıktığı ortama dikkat edildiğinde hep annenin varlığında meydana geldiği aşikardır. Oysa iki kardeş diğerleri ile birlikte iken, birbirlerine çok yakın, birbirlerini koruyan kollayan davranışlar sergilerler.

Annenin yapması gereken, öncelikle çocukları arasında hakem olmamak ve her ikisine de eşit davranmaktır. Burada yeni doğan bebeği emzirirken, 6 yaşındaki abiyi de emzirmek gibi bir eşitlikten söz edilmemektedir. Anlatılmak istenen eşitlik; her çocuğun içinde bulunduğu yaşa özgün ihtiyaçlarını karşılamak, her birinin yaşına özgün ihtiyaçlarını eşit doygunluğa kavuşturacak şekilde davranmaktır. Açıkçası, yaşının özellikleri iyi özümsendiğinde bir çocuğun ihtiyaçlarını karşılayacak şekilde davranmak zor değildir. Üstelik zevklidir. Esas olarak, bu kitabın aktarmak istediği de budur. **Çocuğun yaşına uygun davranıldığında çocuk huzurludur, kolay büyür. Anne işe gitse de onun yanında olmayı başarabilir.**

Kendinizi sınamanız için örnekler

ÖRNEK 1

- Çalışan bir anne olduğum için halen 5 yaşında olan kızıma sadece 8 ay bakabilmiştim. Kızımın aşırı sinirli, sürekli bağırarak konuşuyor olması beni rahatsız ediyor. Adeta kısık ses nedir bilmez. Bebekken ben işe giderken de arkamdan kıyametleri koparırdı. Sabahları o görmeden evden adeta sıvışarak ayrılırdım.

Kardeşi olduktan sonra kızım aşırı hırçınlaştı. Kendinin yapabildiği şeyleri bile bana yaptırmaya çalışıyor. Örneğin; boyu yettiği halde, tuvaletin ışığını açmaya korktuğunu söyleyip bana açtırıyor. Kendisi giyinebildiği halde, onu benim giydirmemi istiyor. "Sen büyüdün kendin yapabilirsin" ya da "Şu an işim var, ellerim kirli" falan diye bahaneler uyduruyorum. İyice hırçınlaşıyor, adeta sinir krizi geçiriyor.

Ayrıca, paylaşmayı da hiç ama hiç istemiyor. Odasından en ufak bir şeyin bile alınmasına tahammül edemiyor. Odasına kimseyi sokmuyor. Evdeyken ya da bir yere giderken odasının kapısını sıkı sıkı kapatıyor. Bir misafir geldiğinde oyuncaklarını asla vermiyor.

Herşeyi mızmızlanarak istiyor. Yabancılara karşı ise aşırı içine kapanık bir çocuk. Adını sorsanız, kıpkırmızı olur, başını eğer, cevap bile veremez. Kendine güveni hiç yok. Sokakta yürürken elimizi hiç bırakamaz. "Kızım bak kaldırımdayız, araba da yok" desem de elimi sıkı sıkı tutar. Evde tam bir canavar olan çocuk, dışarıda böylesine pısırık.

Bir uzmandan yardım almayı düşündüm. Geç bile kaldım belki, ama hep düzelir diye bekledim. Nasıl davranacağımı bilemiyorum. Çok çaresizim.

Çalışan bir annenin çocuğu olan yukarıdaki beş yaşındaki bu kız çocuğunun her ne kadar kardeşi olduktan

sonra davranışlarının bozulmuş olduğu açık ise de, onun kardeşi olmadan önce de hırçın olduğunu anlaşılıyor. Buradan onun zaten var olan sıkıntısının kardeş gelmesi ile birlikte alevlendiği anlaşılıyor. Anne dikkatli dinlenmezse, çocuğun daha önceleri gösterdiği sıkıntılı davranışlar gözden kaçabilir.

Yabancıların yanında içe kapanıp, evde agresif bir tutum sergilemesinden çocuğun agresiviteye neden olan bir hastalığı olmayıp, evdekilere ve özellikle anneye tepkisel davrandığı açık. 8 aylıkken annesinden ayrılmak zorunda kalan bu çocuğun anne devammlılığını halen kazanamadığı da açık. "İşe giderken evden sıvışarak ayrılan" bu annenin de çocuğa geri döneceğini hissettirici hiç bir çabası olmamış.

Anne devamlılığı kazanılmadan eve yeni bir kardeşin gelmesi ile çocuğun annesinden ayrılma anksiyetesi daha da şiddetlenmiş. Şimdi her şeyi annesine yaptırarak annesinin ona da ait olup olmadığını test ediyor. Anne onun her isteğini yaparak ona ait olduğunu ona hissettirmeli. Üstelik bunu fırsat bilerek çocuğun geçmişte örselenmiş olan anne devamlılığını tamamlayabilmek için bu fırsatı değerlendirmelidir. Anne ise tam tersine davranarak, "Sen büyüdün kendi işini kendin yapabilirsin" diyor.

Anne burada bir hata daha yaparak, küçük çocuğun tüm gereksinimlerini karşılarken diğerine büyüdüğünü işaret ederek, çocuklar arasında ayrım yapıyor. Anne "büyüdüğü için her şeyini kendi yapabileceğini" düşünebileceğini sandığı 5 yaşında sezgisel mantık ile yorum yapabilen çocuğa, yetişkinin küçük bir kopyası imiş gibi davranarak ona kendi yetişkin mantığını uyguluyor.

Bu anne, ayrıca yine hata yaparak "ben" dönemindeki 5 yaş çocuğundan paylaşmasını bekliyor. Çocuk paylaşmadıkça da onu paylaşması için zorluyor. Hiçbir şeyini paylaşmayan çocuk, daha önceki ağız ve anal dönemlerini hiç kazanamamış ve "ben" dönemine girememiş bile. Doyurulmadan akan zamanla geçen gelişme aşamaları üstüste yığıldıkça sorunlar da üst üste gelmeye başlamış. Anlaşılıyor ki, kapısını kilitleyip odasına kimseyi sokmayan çocuk, düzen ile özdeşleşmekte de zorlanmaya başlamış. Çocuğun davranışları giderek hırçınlaştığı için çaresiz kalan anne belli ki, "yeter ki sussun def'i bela kabilinden" çocuğun istediklerini yapmaya başlamış. Bu nedenle, çocuk mızmızlanarak her şeyi elde edebileceğini davranış repertuarına almış ve devam ediyor. Okul ile birlikte ve özellikle ergenlik dönemine kadar etrafındakileri bu şekilde kullanmaya devam edecektir. Ta ki çevreden tepki alana kadar. Ondan sonrası, çevreye küsme ve gerçekten içine kapanma olacaktır.

Bu annenin, kızının davranışları karşısında kendini çaresiz hissediyor olması yaşamını kabusa çevirdiği açıktır. Hem iş, hem aile yaşantısının zor olduğu, bu sorunun aile yaşamı ile ilgili başka sorunlara gebe olduğu ve hatta başka sorunları çoktan doğurmuş olması da ayrıca beklenir. Esasında, "çaresiz" olduğunu düşünen ve belli ki çocuk davranışları konusunda hiç bilgisi olmayan bu annenin sorunu; çocuğa olan yanlış tutumunun sonucudur. Anne, sorunun kendiliğinden düzelmesini beklerken bile yanlış davranmaya devam etmektedir.

Bu annenin, örselenmiş gelişme aşamalarını sırasıyla ele alıp doyurarak onları çocuğuna tekrar yaşatacak şekilde davranması gerekir. Anne, bu konuda bilgisiz bile olsa, çocuğu takip etmesi ve çocuğun taleplerini, kendi yetişkin mantığı ile durdurmak yerine, onları üstelik abartarak yerine getirmesi doğru olur. Burada bir bilenden yardım almanın gerekliliği, benzer davranışlarla ortaya çıkan hastalık hallerinin saptanması bakımından faydalı olacaktır.

Sözün özü; davranışlarla ilgili sorunlar sessiz ve sinsice yerleşir. Sorunun çözümü ise zaman ve sabır ister.

ÖRNEK 2

- Çalışan bir anneyim. Beş yaşındaki kızım sabahtan akşama kadar anaokuluna gidiyor. Kakasını bezine yapmak istiyor. Tüm gün okulda kakasını tutuyor. Eve geldiğinde kakasını yapmak için bezini bağlamamı istiyor. Bağlamazsam asla kakasını yapmıyor. Giderek sinirlerim yıpranıyor. Bir keresinde tam 7 gün bezini bağlamadım ve 7 gün karın ağrısından çatladı, yine de kakasını tuvalete yapmadı. Oysa ona anneannesinin baktığı sıralarda, daha bir yaşında iken, onu tuvalete tuttuğumuzda kakasını yapardı.

Çocuğun kakasını tutması, onun anal dönemde örselenmiş olduğunu düşündürmektedir. Nitekim çocuk daha bir yaşında iken kaka terbiyesine erken ve yanlış olarak yönlendirilmiş olduğu, annenin cümleleri arasında sıkışmış olan anneannenin bebeği kaka yapmaya alıştırmış olmasından anlaşılıyor. Bebeklerin belli bir kaka yapma düzeni vardır. O dönemlere uygun bir zamanlama içinde bebek domaltılarak tutulursa kakasını bırakır. Ancak bu bilinçli bir kaka yapma hali değildir. Bir yaşında bilinçli kaka yapma yeteneği kazanılamaz. Annenin anlattıklarından bebek yetişkinlerin bu tutumuna maruz kalmış ve otomatik olarak kaka bırakması, kakaya tutulduğunda tesadüfen gerçekleşmiştir. Tesadüfen kaka yapmaktan belki de daha çok olarak tesadüf etmeyen tutmalar da olduğunu tahmin etmek zor değildir. Bu tesadüfler yetişkin mantığı ile bebek kakasını söylüyor şeklinde yorumlanmıştır. Anlaşılıyor ki aile kaka söyletmeye meraklıdır. Benzer olaylar ile çocuğun anal döneminin örselenmiş olacağı buradan öngörülebilir.

Burada anne devamlılığının örselenmiş olduğu öyküden açık olmamakla birlikte onun da örselenmiş olduğu var sayılabilir. Şöyle ki; çocuğun anne devamlılığı ve ağız dönemi daha bitmeden, çocuk anal döneme ait bir gelişmeye zorlanmıştır. Bu anaokulu çocuğuna, trigonometri öğretmeye benzerdir. Sonuç hüsrandır üstelik her iki aşama da örselenir.

Çocukların okul gibi evlerinin dışındaki mekanlarda kakalarını tutmalarının bir diğer sebebi, okul tuvaletinde bulunabilecek, küçük karanlık bir pencere, pencerede bir örümcek, tavanda kara bir leke, vs. gibi ufak bir ayrıntılara karşı duydukları anksiyete olabilir. Böyle bir sorun çocuğa soru sorarak genellikle anlaşılamaz. Ancak, olma ihtimali düşünülerek ortadan kaldırmak için çocukla birlikte tuvalete girilip çocuğun tuvaletin her köşesini görerek, hatta olabildiğince dokunup araştırarak orada korkulacak bir durum olmadığını yaşayarak anlaması işe yarar.

Buradaki çocukta ise böyle bir sorun olmadığı, çocuğun evdeki tuvalete de kakasını yapmamasından anlaşılmaktadır. Bu annenin çocuğun kakasını bezine yapmasını engelleme tutumu şiddetle hatalıdır. Zaten, başkalarına ve kendine öz güvenini kazanma dönemi örselenmiş olan bu çocuğun kendini güvende hissetmesine çalışılmalıdır. Bu da onun kakasını istediği şekilde yapmasına olanak tanımaktan başka, annenin her an ve her sorununda onun yanında olduğunu ona hissettirmesi gerekir. Anne devamlılığını somut bağlantılar ile pekiştirmesi uygundur.

ÖRNEK 3

- Çalıştığım için onu anaokuluna göndermek zorundayım. Fakat o gitmemek için diretiyor. Anaokulunun kapısından içeri sokamıyorlar. Oracıkta altına kakasını yapmaya başladı. Bir süre annem bize geldi. Şimdi tekrar anaokuluna göndermeye çalışıyoruz, fakat şimdi de her sabah kusmaya başladı.

Bu annenin de acilen çocuğuna anne devamlılığını somut bir şekilde kazandırması gerekir.

SON SÖZ

Çocuk büyütmek pamuk ipliğine benzer
Kolay kopar, kolay bağlanır
Pamuk ipliğini bilen bilir.

Prof. Dr. Sabiha Paktuna Keskin